Faszinierende Koi

Nishikigoi

Harald Bachmann

Impressum

Bilder:
Alle Fotos in diesem Buch und auf dem Poster, wenn nicht anders vermerkt, von:

Frank Teigler/ Archiv A.C.S.

Wir danken den im folgenden aufgeführten Personen für die Möglichkeit, Koi bei ihnen fotografieren zu dürfen:

R. Beckers, D. Ottlik, P. Polster, M. Wittmar

Weitere nützliche Tips und Pflegehinweise finden Sie immer in der, alle sechs Wochen neu erscheinenden ersten und einzigen internationalen Zeitung für Aquarianer, AQUALOG*news*. Auch die neuesten Zuchtberichte finden Sie immer in dieser Zeitung.
Sie erscheint wahlweise in deutscher oder englischer Sprache. Sie erhalten die *news* im guten Zoofachhandel oder im Abonnement direkt vom Verlag. Fordern Sie ein kostenloses Probeexemplar an.

Die Deutsche Bibliotheek - CIP-Einheitsaufnahme
AQUALOG: *Special* - Serie Ratgeber
Mörfelden-Walldorf: A.C.S.
„Faszinierende Koi - Nishikigoi" - 1998
Faszinierende Koi - Nishikigoi / Harald Bachmann - Mörfelden-Walldorf: A.C.S. (Aqualog)

ISBN 3 - 931702 - 40 - 5

Herausgeber: Ulrich Glaser sen.

NE: Bachmann, Harald

Texte und fachliche Bearbeitung:
Harald Bachmann
Wissenschaftliche Beratung:
Dipl. Biol. Frank Schäfer
Index und Organisation:
Wolfgang Glaser
Redaktion:
Dipl. Biol. Frank Schäfer
Titelgestaltung:
Gabriele Geiß, Büro für Grafik, Frankfurt a.M.

Druck, Satz, Verarbeitung:
Lithos: Verlag A.C.S.
Bildbearbeitung: Frank Teigler
Druck: Giese-Druck, Offenbach
Gedruckt auf EURO ART glänzend, 100% chlorfrei von PWA, umweltfreundlich.

Redaktionsanschrift:
Verlag A.C.S. GmbH
Liebigstraße 1
63110 Rodgau
Fax: +49 (0) 6106 - 64 46 92
Tel: +49 (0) 6106 - 69 01 40

PRINTED IN GERMANY

Cover Photo:
Koi Gin Showa, *Cyprinus carpio*
J. Dingeldein

Inhalt

Dieser Ratgeber aus der Reihe AQUALOGspecial wendet sich an alle Liebhaber, die dem Zauber der Koi verfallen sind. Er soll helfen, typische Fehler bei der Haltung dieser herrlichen Fische zu vermeiden. Außerdem möchte er versuchen, dem Leser die Grundlagen zu vermitteln, nach denen er qualitativ hochwertige Tiere erkennen kann.

Im ersten Teil des Buches werden die Grundlagen des Zusammenwirkens von biologischen und chemischen Vorgängen innerhalb eines Koi-Teichs aufgezeigt. Von diesen beiden Faktoren und deren optimaler Konstellation hängt neben ausgewogener Ernährung die Gesundheit der Koi ab. In diesen Kapiteln werden vor allem Querverbindungen und Zusammenhänge dieser Bereiche aufgezeigt, um die Projektierung und Neuanlage eines Teichs auf die Bedürfnisse der Koi abzustimmen. So werden die für die Koi-Haltung relevanten chemischen Grundbegriffe erläutert. Sie bilden die Basis für das Verständnis der nachfolgenden Kapitel. Dabei wurde versucht, die teilweise komplizierten Zusammenhänge vereinfacht darzustellen, um auch dem Neueinsteiger ohne Vorkenntnisse das nötige Grundwissen zu vermitteln.

Im folgenden Kapitel werden die chemischen und biologischen Vorgänge der Filterung erläutert. Diese ist für eine erfolgreiche Koi-Haltung unerläßlich, da nur mit ihrer Hilfe eine Regeneration des Wassers möglich ist. Im Kapitel Wasserpflege werden unterstützende Maßnahmen zur Schadstoffreduktion erklärt.

In diesem Kapitel werden darüber hinaus u.a. die Zusammenhänge zwischen Fütterung und Wasserqualität aufgezeigt.

Der nächste Abschnitt behandelt die Nahrungsansprüche der Koi. Neben den natürlichen Futtertieren sind die lebensnotwendigen Nahrungsbestandteile aufgeschlüsselt.

Im zweiten Teil des Buches sind die häufigsten Varianten beschrieben. Im Vorfeld werden Qualitätskriterien erläutert, die für alle Varianten gelten. Im Anschluß daran sind die einzelnen Farbvarianten entsprechend ihrer Bewertungskategorien aufgelistet. Im beiliegenden Poster sind die bekanntesten und faszinierendsten Koi abgebildet.

Natürlich kann dieser Ratgeber nur eine Auswahl von schönen Koi zeigen. Wirklich alle Varianten zeigt Ihnen dann der demnächst erscheinende AQUALOG Nishikigoi – alle Koi Varianten.

Was sind Koi?

Koi sind, zoologisch gesehen, eine domestizierte Form des Speisekarpfens, *Cyprinus carpio*. Während der Karpfen an sich bereits zur Römerzeit in Europa wichtiger Gegenstand der Teichfischzucht war und wahrscheinlich auch schon früh die ersten Zuchtformen entstanden, ist der Koi im engeren Sinne eine recht junge Zuchtform. Grundsätzlich gebührt die Ehre, die ersten Farbkarpfen gezüchtet zu haben, den Chinesen. Bereits in etwa 2.500 Jahre alten chinesischen Schriften werden mehrfarbige Karpfen erwähnt und ihre Zucht beschrieben. Doch erst als die Japaner sich vor etwa 190 Jahren den farbigen Karpfen zuwandten, entstand das, was wir heute Koi nennen.

In diesem Zusammenhang kurz etwas zur Bezeichnung im Deutschen Sprachgebrauch: alle japanischen Namen werden bei uns nur klangmalerisch in Schriftzeichen umgesetzt. Entsprechend findet man gleichberechtigt nebeneinander die Schreibweisen „Koi" und „Goi". Das Wort „Goi" ist im Japanischen der Wortstamm für „Karpfen" und durch Zusätze wird festgelegt, welche Karpfenform denn nun gemeint ist. Der Speisekarpfen ist dementsprechend Magoi. Nach Teichfischer (1988) wird der Farbkarpfen in Japan erst seit den 50er Jahren dieses Jahrhunderts als Nishikigoi (nach dem japanischen Wort für Brokat, Nishiki) bezeichnet. Nach Europa kamen die Farbkarpfen auf jeden Fall schon vor der Jahrhundertwende. Die erste Abbildung in der Liebhaberliteratur stammt aus dem Jahre 1896 (siehe nächste Seite). Über die damalige Namensgebung in Japan schreibt Bade (um 1910), daß die Tiere dort Hi-goi genannt würden. Man unterscheide Bekkogoi oder Krobekko (rotschwarze Tiere), Shirobekko (schwarz-weiße Tiere), Shirogoi (ganz weiße Tiere) und Asagigoi (blaue oder grüne Tiere).

Schon damals wurden die farbigen Tiere in Japan nicht verzehrt! Hingegen sind Farbkarpfen heute im südostasiatischen Raum beliebte Speisefische. Nur in Japan werden die Tiere, ihrer kulturellen Bedeutung wegen, nach wie vor nicht gegessen. Heute werden überall auf der Welt Koi gezüchtet. Am bekanntesten sind die Zuchten in Israel, Italien, Thailand, China, England, USA und Ungarn. Doch auch andere Länder bieten schöne Koi an. In Deutschland werden meist Farbkarpfen gezüchtet, die durch ihre Hochrückigkeit verraten, daß Speisekarpfen häufig eingekreuzt wurden. „Richtige" Koi erinnern durch ihren flachen Körperbau eher an die Wildform des Karpfens, der deshalb auch „Nudelholzkarpfen" genannt wird. Wenn auch im folgenden nahezu ausschließlich von Japanischen Koi die Rede sein wird, soll das nicht heißen, die anderen Koi

Während in Japan die Koi Gegenstand ritueller Verehrung sind und nie auf dem Tisch landen, sind sie in weiten Teilen Südostasiens, wie hier in Padang/Westsumatra, beliebte Speisefische.

Photo: F. Schäfer

seien immer qualitativ minderwertig. Dies trifft nicht zu. Aber bislang werden nur in Japan (aufgrund der dort mit den Koi verbundenen Assoziationen mit der Mythologie) reine Blutlinien, die fast immer mit den Familiennamen großer Züchter verbunden sind, streng selektiv gezüchtet. So kommen nur durchschnittlich 2,5 % der Jungfische, die aus einem Gelege schlüpfen, in Japan in den Handel. Der Rest wird vorher ausgelesen. In der Mehrzahl der anderen koizüchtenden Staaten wird da weit großzügiger verfahren. Daher muß nach wie vor der japanische Maßstab angelegt werden, wenn es um die Beurteilung der Qualität von Koi geht.

Allgemeines

Das nebenstehende Bild ist die erste Dokumentation von Koi in der deutschsprachigen Liebhaberliteratur.
Es stammt aus dem Jahre 1896. Scheinbar wurden zuerst goldfarbige Koi importiert.

Zeichnung: K. Neunzig

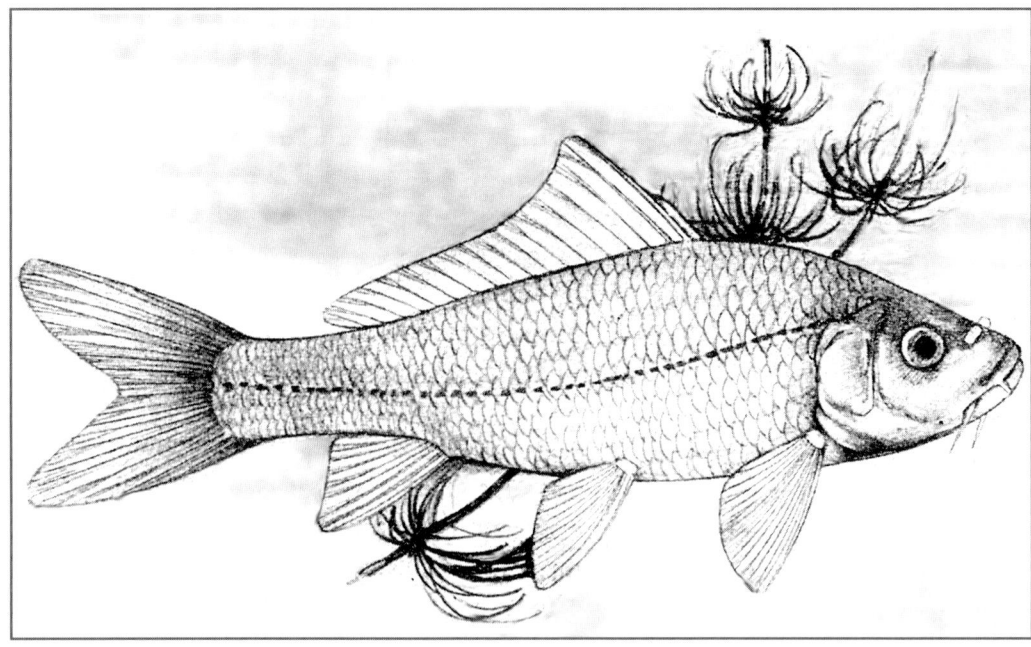

In diesem Kapitel werden die nötigen Kenntnisse über Wasserchemie vermittelt und bilden somit die Grundlage der folgenden Abschnitte. Wasser erscheint den meisten Menschen als ein im Aggregatzustand veränderliches Element. In der Physik unterscheidet man bei Wasser drei Aggregatzustände: Eis (Feststoff), Wasser (Flüssigkeit) und Dampf (Gas). Tatsächlich ist Wasser jedoch wesentlich komplexer als den meisten von uns bewußt ist. Der Neuling im Umgang mit Fischen und deren Milieu Wasser kennt Begriffe wie Nitrit und Nitrat vielleicht nur aus den Medien. Auch die Begriffe Pestizide und Fungizide geraten in einer Zeit ständig steigenden Umweltbewußtseins in die öffentliche Diskussion. Alle diese Stoffe, die das Wasser belasten, stellen eine hohe Gefährdung für Mensch und Tier dar. Die Qualität des Wassers und seine Eignung für die Koihaltung stehen in direktem Zusammenhang mit der Frage, welches Ausgangswasser man verwenden kann. Um hierauf eine befriedigende Antwort zu finden, sollte man über die chemische Zusammensetzung des Wassers im Ursprungsland der Koi ausreichende Kenntnis besitzen.

DAS AUSGANGSWASSER

Die Mehrzahl der Koi in Japan wächst fast das ganze Jahr in Naturteichen heran. Im ehemaligen Reisanbaugebiet der Bergregion Niigata wurden die Reisterrassen in Aufzuchtteiche umgewandelt. Diese füllen sich im Frühjahr mit dem Schmelzwasser des im Winter reichlich gefallenen Schnees. Die fortschreitende Umweltzerstörung macht leider auch vor Japan nicht halt. Bedingt durch die geographische Nähe zu Rußland und den sibirischen Kokerreien, welche Unmengen von Schwefelwasserstoff produzieren, fällt auch in Niigata der auch bei uns bekannte saure Regen. Der mit Schwefelwasserstoff angereicherte Schnee verursacht bei der Schneeschmelze im Frühjahr eine starke Verschiebung des pH-Wertes. Durch Unkenntnis der Wichtigkeit des pH-Wertes und wie man auf dessen Veränderung reagiert, stellte diese fortschreitende Umweltverschmutzung viele Koizüchter vor ernsthafte existentielle Probleme, da viele Fische den zu tiefen pH-Wert nicht vertrugen und eingingen.

Aus diesem Grund versucht man heute den schädlichen hohen pH-Wert des Wassers durch Zugabe von Ätzkalk auf ein verträgliches Maß zu bringen. Die Koizüchter sind bestrebt, den Säuregehalt des Wassers auf den für Koi idealen pH-Wert von 6,8 bis 7,5 einzustellen.

Für die außerordentlich gute Farbgebung der japanischen Koi sind auch die Bodenverhältnisse entscheidend. Insbesondere die im Wasser gelösten Spurenelemente spielen hierbei eine entscheidende Rolle. Um eine optimale Anreicherung des Wassers mit Spurenelementen zu gewährleisten, werden die im Herbst abgelassenen Naturteiche umgegraben. So findet man vor allem in den Bergen

Die Wasserhärte

von Niigata hervorragende Showa und Shiro-Utsuri Züchter, z.B. Sejuro und Seki, da diese Varianten über eine schwarze Grundfärbung verfügen. Der außerordentlich intensiv glänzende schwarze Farbton ihrer Sumizeichnung wird von der hier anzutreffenden schwarzen Lavaerde noch verstärkt. In den Talebenen werden vor allem Varianten mit hohem Rotanteil wie z.B. Kohaku und Sanke gezüchtet. Die hier vorherrschende rote Lehmerde fördert mit ihren Spurenelementen die Bildung der roten Farbpigmente in der Epidermis (farbgebende Hautschicht).

Über die genauen biologischen Auswirkungen derartiger Spurenelemente in Koiteichen ist jedoch noch sehr wenig bekannt. Sollten bestimmte Farbschläge nach und nach verblassen, ist die dosierte Zugabe von Seesalzabmischungen, welche kein Natriumchlorid (Kochsalz) enthalten, durchaus einen Versuch wert. Diese Seesalzabmischungen sind im gut sortierten Zoofachgeschäft für Meerwasseraquaristik erhältlich. Besonders bei Showa, Shiro-Utsuri und Kumonryu kann man u.U. die verlorengegangene Schwarzfärbung erneut zum Vorschein bringen. Ebenfalls sehr gut geeignet sind Spurenelementmischungen welche für die professionelle Süßwasseraquaristik schon seit längerem im Fachhandel angeboten werden. Eines der wichtigsten Spurenelemente ist Jod, das vor allem für die Schilddrüse des Fisches von entscheidender Bedeutung ist. Dieses Organ steuert auch beim Fisch den gesamten Stoffwechsel. Jedoch sollte man bei der Medikamentierung mit Kochsalz auf keinen Falls Jodsalz verwenden da dies eine lebensbedrohende Überfunktion der Schilddrüse zur Folge hätte.

DIE WASSERHÄRTE

Da im Regenwasser keinerlei Härte bildende Salze enthalten sind, kann es zu stark schwankenden Reaktionen kommen. Im Gegensatz hierzu enthält fast jedes Fluß- oder Quellwasser mehr oder weniger große Mengen an gelösten Salzen. Dies sind insbesondere Calzium- und Magnesiumsalze.

Wasser wird als „hart" bezeichnet, wenn es große Mengen dieser Salze enthält. Regenwasser enthält keine dieser Salze und wird deshalb als „weich" definiert. Die Bezeichnungen hart und weich rühren von dem Gefühl her, daß das betreffende Wasser beim Waschen mit Seife vermittelt. Allgemein bezeichnet man Wasser, das sehr viel gelösten Kalk enthält, als besonders hart. Sowohl Calzium als auch Magnesium reagieren mit Kohlensäure und bilden mit ihr vom pH-Wert abhängige Verbindungen, die Calzium- bzw. Magnesiumcarbonate. Die Summe der gelösten Carbonate wird als Karbonathärte bezeichnet. Andere Calzium- und Magnesiumsalze, hauptsächlich Gips (Calciumsulfat) bilden die Nichtkarbonathärte auch Sulfathärte genannt. Die Summe dieser Verbindungen nennt man Gesamthärte.

$$GH = KH + NKH$$

Gesamthärte = Karbonathärte + Nichtkarbonathärte

Die Wasserhärte ist von grundsätzlicher Bedeutung für das Teichwasser. Ab einer Karbonathärte von 4° ist der pH-Wert gegen Schwankungen ausreichend abgepuffert. Bis zu einer Karbonathärte von 12° sind keine negativen Auswirkungen zu erwarten. Bei höheren Karbonatwerten kann es zu Farbeinbußen bei Koi, vor allem bei der Intensität der schwarzen Anteile kommen.

Zur Bestimmung der Härtegrade sind im Fachhandel erhältliche Tropfreagenzien bestens geeignet. Besonders in Zeiten einer starken Algenvermehrung ist es wichtig, die KH regelmäßig zu messen. Bei starker Vermehrung entziehen nämlich die Algen bei der Photosynthese den gelösten Carbonatverbindungen die für das Pflanzenwachstum unentbehrliche Kohlensäure. Dadurch kann die Karbonathärte sehr schnell und sehr stark absinken. Da die Algen aber nachts ihrerseits bei der lichtunabhängigen Atmung sehr viel Kohlensäure abgeben, ist es gerade bei einer starken Algenentwicklung wesentlich, ein gut gepuffertes Wasser zu haben, um gefährlichen, durch die Kohlensäure verursachten pH-Wert-Sprüngen vorzubeugen.

ÜBERSICHT ZUR WASSERHÄRTE

- 0-4° GH = sehr weich
  Regenwassser, Schmelzwasser, vollentsalztes Wasser, destilliertes Wasser
- 4-8° GH = weich
  sehr gut für unser Zwecke geeignet
  (gute Pufferung des pH-Wertes)
- 8-12° GH = mittelhart
  gut geeignet zur Pflege von Koi
- 12-18° GH = ziemlich hart

Der pH-Wert

Wildkarpfen bewohnen bevorzugt die warmen Unterläufe der Flüsse. Sie dringen dort oft bis in Zonen vor, die unter erheblichem Einfluß der Gezeiten stehen. Karpfen gehören ferner zu den wenigen Vertretern der Karpfenfische, die reines Meerwasser tolerieren. Dementsprechend sind auch ihre domestizierten Nachfahren, die Koi, eher an hartes, alkalisches Wasser zu gewöhnen, als an weiches und saures Wasser. Wichtig ist diese Erkenntnis ferner im Falle einer Erkrankung der Koi: man kann das gegen viele Fischkrankheiten hochwirksame Seesalz bedenkenlos in recht hoher Konzentration anwenden.

Photo: Archiv A.C.S.
(Migge)

Koi können je nach Veranlagung der Blutlinie der sie entstammen und der restlichen Zusammensetzung des Wassers ihre Schwarzanteile verlieren. Der Gehalt an Karbonaten, in erster Linie von Calziumcarbonat, wird von der Menge der frei im Wasser gelösten Kohlensäure bestimmt. Somit ist auch die Kohlensäure für einen stabilen pH-Wert eine ausschlaggebende Größe.

DIE KOHLENSÄURE

Im vorherigen Abschnitt wurde die Karbonathärte behandelt, deren Hauptanteil von Calziumcarbonat gebildet wird. Wie gelangt dieser Stoff überhaupt in das Teichwasser? Hierbei übernimmt die Kohlensäure eine Schlüsselfunktion. Gelangt kohlensäurehaltiges Wasser im Erdboden mit Kalkstein in Verbindung, so wird der feste Kalk gelöst und verursacht oder erhöht die Karbonathärte des Wassers. Bei diesem Lösevorgang wird jedoch nicht die gesamte in Lösung befindliche Kohlensäure verbraucht. Ein gewisser Anteil der im Wasser befindlichen Kohlensäure ist notwendig, um die Karbonathärte in Lösung zu halten. Diesen Anteil nennt man die zugehörige Kohlensäure. Kommt es nun in der warmen Jahreszeit durch ein Überangebot von Nährstoffen zu einer starken Algenblüte, so sind die Algen sogar in der Lage die zugehörige Kohlensäure zu verzehren, da sie wie jede Pflanze beim Stoffwechsel Kohlendioxid verbrauchen.

Das Ausfällen der gelösten Karbonathärte ist die Folge. Man erkennt dies an einem feinen Niederschlag, der sich an den Teichwänden und dem Teichboden festsetzt. Ohne die im Wasser gelöste Karbonathärte ist der pH-Wert in keiner Weise abgepuffert und kann sowohl in den basischen als auch in den sauren Bereich abgleiten. Dieser rasche Sturz oder Anstieg des pH-Wertes ist für die Fische äußerst schädlich und ist auf jeden Fall durch entsprechende Hilfsmittel zu vermeiden. Ein Hilfsmittel zur Vermeidung einer Algenblüte sind beispielsweise UV-Lampen und UV-Brenner.

DER PH-WERT

Der pH-Wert gibt den Säuregehalt des Wassers an. Der pH-Wert unterteilt die saure oder basische Reaktion des Wassers in 14 Stufen. Werte von pH1 - <pH 7 werden als sauer bezeichnet. Werte von pH 7> - pH 14 werden als basisch bezeichnet, pH 7 gilt als der neutrale Wert. In der Chemie wird Wasser mit der Formel H_2O bezeichnet. Dieses in der Reinform weder sauer noch basisch reagierende Molekül spaltet sich ständig in einer Hin- und Rückreaktion von 2 Moleküle H_2O in den sauer reagierenden Teil H_3O^+ und in den basisch reagierenden Teil OH^-. Liegt ein Gleichgewicht zwischen H_3O^+ Ionen und OH^- Ionen vor, so besitzt das Wasser den neutralen Wert von pH7. Die genaue chemische Definition des pH-Wertes ist der negative dekadische Logarithmus der H_3O^+ Ionenkonzentration. Der pH-

Der Stickstoffkreislauf

Wert erhöht sich somit von Stufe zu Stufe um eine 10er Potenz. Das bedeutet, Wasser mit einem pH-Wert von 4 enthält 10-mal soviele Säure bildende H_3O^+ Ionen wie ein Wasser von pH 5. Der Säuregehalt ist demnach 10-mal höher. Der Säuregehalt eines Wassers von pH 8 ist hingegen 10-mal niedriger als der eines Wassers von pH 9. Der optimale pH-Bereich für Koi liegt bei neutralen bis schwach basischen pH-Werten von 7 bis 8. Durch den Eintrag organischer Stoffe, wie dies durch Fütterung und Verdauungsrückstände der Fall ist, verschiebt sich das Gleichgewicht zur sauren Seite . Wird durch intensive Belüftung die sauer reagierende Kohlensäure aus dem Teichwasser ausgetrieben, so verschiebt sich das Gleichgewicht zur basisch reagierenden Seite. Bei der Koihaltung sollte man stets bestrebt sein, große Schwankungen aller Wasserwerte, insbesondere des pH-Wertes, zu vermeiden. Eine stete Kontrolle der Wasserwerte ist daher unerläßlich für eine erfolgreiche Koihaltung.

DIE EIWEISSABBAUPRODUKTE AMMONIAK, AMMONIUM, NITRIT UND NITRAT

Die Futterreste und Ausscheidungen der Koi müssen chemisch-biologisch abgebaut und zersetzt werden. Diese Eiweißzersetzung zu Aminosäuren und der Harnstoffabbau sind verantwortlich für die Belastung des Wassers mit Ammonium und Ammoniak. In welcher Konzentration Ammonium oder das giftige Ammoniak vorliegt, ist sehr stark vom pH-Wert abhängig. Dieses Ammoniak/Ammonium wird mit Hilfe von Bakterien zu Nitrit oxidiert. Im weiteren Verlauf der Nitrifikation wird Nitrit zur höchsten Oxidationsstufe Nitrat umgewandelt. Ein guter Indikator dafür, daß zuviele Eiweißabbauprodukte im Wasser vorliegen, ist ein übler Geruch am Teichrand .

AMMOINIUM/AMMONIAK

Besondes in der Einlaufphase von Teich und Filter ist das regelmäßige Messen des Ammonium- und Ammoniakgehalts wichtig, da die für die Nitrifikation zuständigen Bakterien im Filtersystem noch nicht ausreichend vorhanden sind. Ammoniak wirkt bereits in geringen Mengen toxisch, dagegen ist Ammonium relativ ungiftig. In welchem Verhältnis Ammonium oder Ammoniak vorliegt, ist vom pH-Wert abhängig.
Bei pH-Werten unter 6,0 liegt kein Ammoniak vor. Zwischen 6,0 und 7,0 ist die Gefahr einer Ammoniakvergiftung kaum gegeben. Steigt der pH-Wert über 7,8, erhöht sich die Konzentration des Ammoniak sprunghaft. Bei einem Wasserwechsel ist in frisch eingefahrenen Anlagen auf den pH-Wert zu achten. Auch bei einem Wasser mit einer Karbonathärte unter 4° ist der pH-Wert nicht ausreichend abgepuffert. Daher gehört zu einem besseren Verständnis

Gleichgültig, ob teurer Japankoi oder, wie hier im Bild, preiswerter Farbkarpfen: Wer sich entschließt, ein Tier in seine Obhut zu nehmen, hat dafür zu sorgen, daß es ihm gut geht. Bei der Fischpflege sind Grundkenntnisse in Wasserchemie dafür unabdingbare Voraussetzung.

Photo: Archiv A.C.S. (Migge)

Der Sauerstoff

des Ammoniakwerts eine Messung des pH-Werts. Verschiebt sich der pH-Wert in den alkalischen Bereich, ist die Gefahr einer Ammoniakvergiftung gegeben. Ammoniak ist ein Blutgift, das bereits in geringen Mengen irreversibele Schäden bei Fischen verursacht. So sind Werte von 0,3 mg/l für Forellen bereits tödlich. Für Koi ist dieser Wert in der Regel noch nicht tödlich, jedoch ist nach einer solchen Belastung einige Tage später mit Aufbrüchen der Haut und offenen Stellen zu rechnen. Ammonium und Ammoniak liegen im Koiteich stets in geringen Spuren vor. Dieses Ammonium/Ammoniak ist nur in dem kurzen Zeitraum von der Entstehung bis zur Oxidation durch Bakterien vorhanden. Um Schädigungen zu verhindern, muß das Ammoniak möglichst schnell einer biologisch aktiven Oberfläche (Filter) zugeführt werden, wo die Nitrifikation über Nitrit zu Nitrat stattfindet. Aus diesem Grund ist eine ausreichende Umwälzung des Teichwassers wichtig. Bei zu hohen Ammoniakwerten ist es unerläßlich, einen Wasserwechsel vorzunehmen. Allerdings ist hierbei auf pH-Wert Schwankungen zu achten. Ein Hinzufügen nützlicher Instant-Mikro-Organismen unterstützt den Abbau schädlichen Ammoniaks.

NITRIT

Das Nitrit ist die Zwischenstation der Eiweißoxidation vom Ammonium/Ammoniak zum Nitrat. Nitit sollte in nicht meßbaren Konzentrationen vorliegen. In neu eingefahrenen Anlagen sind Nitritvergiftungen bei Koi möglich. Grundsätzlich ist ein Nitritgehalt von über 0,1 mg/l im Teichwasser zu beanstanden.

NITRAT

Nitrat ist die Endstufe der Stickstoffoxidation. Allgemein ist Nitrat verhältnismäßig ungiftig. Eine Bewertung in giftig und ungiftig sollte hier immer im Zusammenhang mit der Konzentration gesehen werden. Eine Schadwirkung ist erst bei sehr hohen Nitratgehalten über 150 mg/l zu erwarten. Hohe Nitratwerte hemmen den Sauerstofftransport im Blut der Fische. Zu hohe Nitratkonzentrationen können nur durch entsprechend große Wasserwechsel oder den Einsatz von sehr groß dimensionierten Nitrataustauschern beseitigt werden.

DER SAUERSTOFF

Sauerstoff wird von allen Lebewesen im Teich verbraucht, wobei die Mikroorganismen die für die Nitrifikation zuständig sind, wesentlich mehr Sauerstoff verbrauchen als die Koi. Um einen optimalen Stoffwechsel der Filterbakterien zu gewährleisten, ist es sinnvoll, die biologischen Filterkammern (zum Thema „Filter" s. S. 13 ff.) zu belüften. Um auch im Teich einen ausreichenden Gasaustausch zu begünstigen, sollte die Wasseroberfläche bewegt werden. Dieses „Aufbrechen" der Wasseroberfläche kann z. B. mittels einer Venturidüse, einer starken Membranpumpe oder einem Wasserfall erfolgen. Bildet sich auf der Wasseroberfläche eine Kahmhaut (Verunreinigung der Oberfläche: Fettfilm, Blütenpollen, Staub, Eiweiße, etc.), so ist der Gasaustausch deutlich vermindert. Deshalb sollte diese durch einen Skimmer (Oberflächenablauf) abgesaugt werden. Ein optimaler Gasaustausch begünstigt nicht nur die Filtertätigkeit, sondern steigert auch das Wohlbefinden der Koi. Bei diesem Austausch wird der lebensnotwendige Sauerstoff eingetragen und verhindert, daß sich von anderen Gasen, wie Stickstoff und Kohlendioxid, zu hohe und dann schädliche Konzentrationen bilden. Wasser besitzt eine sogenannte Gaskonstante, d. h. in Abhängigkeit von der Temperatur kann im Wasser nur ein bestimmter Prozentsatz Gase gelöst sein. Daraus folgt, vereinfacht gesprochen, je mehr andere Gase aus dem Wasser entweichen, desto mehr Platz ist für Sauerstoff vorhanden.

Läßt man ein Glas Wasser über längere Zeit stehen, stellt sich ein Gasgleichgewicht ein. Dies bedeutet, daß an der Grenzfläche von Luft und Wasser ständig Gase ausgetauscht werden. Man spricht von einem Gleichgewicht, wenn gleich viele Gasmoleküle in das Wasser hinein diffundieren wie heraus.

Die Gasmenge, die das Wasser aufnehmen kann, ist von Temperatur und Luftdruck abhängig. Bei einer bestimmten Temperatur kann das Wasser im Gasgleichgewicht nur eine bestimmte Menge Sauerstoff aufnehmen. Diese Gleichgewichtsmenge wird als 100 % Absättigung bezeichnet.

bei 10 °C	11,3 mg/l	= 100% Absättigung
bei 15 °C	10,1 mg/l	= 100% Absättigung
bei 20 °C	9,1 mg/l	= 100% Absättigung
bei 25 °C	8,3 mg/l	= 100% Absättigung

Filtertechnik
Der aerob betriebene Filter

Bei 40°C ist das Wasser nicht mehr in der Lage gasförmigen Sauerstoff in Lösung zu halten. Kein Fisch kann längere Zeit bei diesen Temperaturen überleben. Der Parameter der Absättigung kann durch das Betreiben eines Wasserfalls, eines Eiweißabschäumers oder einer Venturidüse auf Werte über 100% angehoben werden.

Vom Sauerstoffgehalt des Wassers ist auch die Zusammensetzung der Bakterienfauna abhängig. Je höher die Sauerstoffabsättigung ist, desto mehr nützliche, die Wasserwerte stabilisierende Bakterien, sind im Teich vorhanden und um so stärker werden patogene (krankmachende) Bakterien verdrängt.

DER INFEKTIONSDRUCK

Bei der Zersetzung organischen Materials, wie z.B. Pflanzenreste oder tierische Abfallprodukte, entstehen nicht nur sauer reagierende organische Stoffe, sondern sie fördert auch die Vermehrung fakultativ krankheitserregender Bakterien. Unter fakultativen Krankheitserregern versteht man hier Bakterien, die sich sowohl von toten organischen Materialien ernähren können, als auch am und im Fisch leben können. Insbesondere lassen sich hier Bakterien der Gattungen *Aeromonas* und *Pseudomonas* im Teichwasser nachweisen. Eine schlechte Teichhygiene fördert deren Vermehrung und erhöht somit den Infektionsdruck auf die Koi. Zudem sind diese Bakterien in der Lage sich aktiv schwimmend, oder vom Wasserstrom treibend, aus den Fäulniszonen weg zu bewegen. Ihre Lebensdauer ist im sauerstoffreichen Milieu des freien Wassers sehr begrenzt. In den meist überbesetzten Teichen ist das Auffinden eines Fisches, der dann als Wirt dient, jedoch viel wahrscheinlicher als in der freien Natur. Je höher die Anzahl der im Wasser befindlichen Bakterien, desto größer ist also der Infektionsdruck, der auf den Fischen lastet. Daher sollte man den Teich und die Filteranlage in regelmäßigen Abständen säubern.

DER AEROB BETRIEBENE FILTER

Filter, deren Oberfläche von sauerstoffreichem Teichwasser durchströmt wird, nennt man aerobe Filtrationssysteme. Da aerobe Teichfilter einen relativ großen Raum beanspruchen, werden sie außerhalb des Teichs installiert. Ein solches Filtersystem muß folgende Anforderungen erfüllen:

- Das Volumen sollte ca.10% des Teichvolumens betragen;
- Die Oberfläche des Filters sollte ca.10% des Teichvolumens in Quadratmetern betragen (Beispiel: 40 Kubikmeter Teichwasser = 4 Quadratmeter Filteroberfläche);
- Die Durchflußrate sollte mindestens 50% des Teichvolumens pro Stunde betragen;
- Der Filter sollte aus mehreren Kammern bestehen, die zur Reinigung getrennt ablaßbar sind. Der Teichfilter sollte einfach zu reinigen sein. Jede Kammer sollte mit ausreichend sauerstoffreicher Luft beschickt werden;
- Strömungsarme Zonen sollten vermieden werden;
- Ein Strömungsfilter (Vortex) sollte vorgeschaltet werden;
- Der Filter sollte leicht zugänglich sein;
- Der Filter sollte bei hohen Wassertemperaturen wöchentlich gereinigt werden;
- Eine UV-Lampe sollte zur Entfernung trübender Schwebealgen installiert werden;
- Bei überbesetzten Teichanlagen sollte man weitere Filtereinheiten angliedern (Rieselfilter,Anaerobefilter, Nitrataustauscher, UV-Brenner,Eiweißabschäumer).

Ein geeignetes Filtersystem sollte zwei Eigenschaften vereinen. Zum einen muß es im Wasser schwebende mechanische Verunreinigungen festhalten (aus dem Wasser filtern) und diese später beim Reinigen wieder frei geben. Diese Aufgabe wird vom „Vortex" und der ersten, mit Bürsten bestückten Kammer übernommen. Zum anderen muß der biologische, aerobe Teil ausreichend Siedlungsoberfläche besitzen, um die anfallenden chemischen Verunreinigungen zu neutralisieren oder, genauer, diese in ungiftigere Verbindungen zu überführen. Die der Bürstenkammer folgenden Kammern sollten hierzu mit japanischen Filtermatten versehen werden. Dem biologischen Teil der Filteranlage sollte größte Aufmerksamkeit geschenkt werden, da hier die grundlegenden Bedingungen für die Gesundheit der Koi geschaffen werden. Neuere Erkenntnisse belegen, daß man sich diesen Teil des aeroben Filters als eine Art Brutstätte vorstellen kann, in der eine bestimmte Menge an Bakterien produziert wer-

Filtertechnik
Der anerob betriebene Filter

Zum Ambiente eines schönen Koi-Teiches gehören auch gestalterische Elemente aus dem Pflanzenreich und der unbelebten Natur. Zwergbäume, wie Fächerahorn, Gräser, Schwertlilien und Bambus verleihen dem Teich in Kombination mit großen Findlingen einen asiatischen Touch.

Photo: F. Schäfer

den. Ein Teil dieser Bakterien wird von der Strömung herausgeschwemmt. Somit finden oxidative Abbauprozesse nicht nur im Filter, sondern auch gleichzeitig im Teich statt.

Die aeroben Bakterien oxidieren dabei Stickstoffverbindungen wie Ammonium oder Ammoniak über das ungiftigere Nitrit zu dem noch ungiftigeren Nitrat. Die hier angeführte Wertung „ungiftig" sollte immer im Zusammenhang mit ihrer Konzentration gesehen werden. Nach der Trinkwasserverordnung ist der gesetzliche Grenzwert für Nitrat im Trinkwasser bei 50 mg/l festgeschrieben und ein Richtwert von 25 mg/l empfohlen. Der Grenzwert des weitaus toxischeren Nitrits ist auf 0,1 mg/l festgesetzt. Unter Oxidation versteht man die Vereinigung eines Moleküls mit Sauerstoff. In einem aeroben Filter werden somit Bakterien produziert, die Ammonium und Ammoniak mit einem Sauerstoffatom vereinigen. Diese durch Oxidation neu entstandene Verbindung nennt man Nitrit. Bakterien, die diese Oxidation verursachen, werden als Nitrosomonas bezeichnet.

Ob die Vorstufe der Nitritoxidation als Ammonium oder als Ammoniak vorliegt hängt vom Säuregehalt des Wassers, kurz pH-Wert genannt, ab. Liegt dieser im sauren Bereich, so

herrscht das ungiftigere Ammonium vor. Befindet sich der pH-Wert im alkalischen Bereich, so liegt überwiegend Ammoniak vor. Eine weitere Bakteriengattung, die den aeroben Filter besiedelt, ist Nitrobakter. Sie ist in der Lage, Nitrit zu dem ungiftigeren Nitrat zu oxidieren, indem sie ein weiteres Sauerstoffatom mit Hilfe ihres Enzymapparates mit dem Nitrit verbinden.

Das nun entstandene Nitrat ist die höchste Oxidationsstufe. Diese Verbindung wird von Pflanzen als Stickstofflieferant verbraucht. Auf diese Weise sind Pflanzen in der Lage, den Stickstoff in Form von Nitrat vollständig aus dem sauerstoffführenden Wasserkreislauf zu entfernen. Aus diesem Grund ist es sinnvoll, dem mechanisch-biologischen Filtersystem ein gut durchströmtes Sumpfbeet anzugliedern.

DER ANAEROB BETRIEBENE FILTER

Eine weitere Möglichkeit, dem Wasserkreislauf das Nitrat zu entziehen, stellt der anaerobe Filter dar. Hierbei ist jedoch zu beachten, daß bei einer unsachgemäßen Handhabung große Mengen krankheitserre-

Der Betrieb des Filters in der Praxis

gender Bakterien in den Teich gelangen können. In einem anaeroben Filter können sich solche Bakterienstämme vermehren, die in der Natur im Bodengrund von Flüssen und Seen unterhalb der vom Sauerstoff durchströmten Deckschicht leben. Diese Bakterien reduzieren bei ihrem Stoffwechsel Nitrat über Zwischenstufen zu freiem gasförmigen Stickstoff. Dieses Phänomen läßt sich beobachten, wenn man den Bodengrund eines Sees aufwirbelt. Die dabei aufsteigenden Gasblasen bestehen zu großen Teilen aus diesen Stickstoffverbindungen. In der Natur diffundieren diese Gase durch den Bodengrund und gelangen so in das darüber stehende Wasser. Durch Bewegung der Wasseroberfläche gasen die Stickstoffverbindungen in die Atmosphäre aus. Auf diese Weise wird dem Wasser der eingetragene Stickstoff entzogen. Dieser Vorgang sollte nur in speziell hierfür angefertigten Anaerobfiltern unter größter Vorsicht nachgeahmt werden. Die hierbei entstehenden Bakterien können u.U. ins Teichwasser gelangen und die Fische schädigen. Um zu verhindern, daß diese patogenen Bakterien in das Umfeld der Koi eingebracht werden, sollte ein starker UV-Brenner zur Desinfektion des aufbereiteten Wassers eingesetzt werden. Es ist weiterhin vorteilhaft, dieses zurücklaufende Wasser, nachdem es den UV-Brenner passiert hat, erst in einem kleinen Wiederbelebungsbecken mit dem Wasser des aeroben Filters zu vermischen, um es mit Sauerstoff anzureichern. Erst dieses aufbereitete Wasser kann problemlos in den Fischteich gepumpt werden.

Um die optimale Durchströmung des aeroben Filters (50% des Teichvolumens pro Stunde) zu gewährleisten, ist die Pumpenleistung ausschlaggebend. Die richtige Wahl der Pumpe ist hier wesentlich. Durch die oben festgelegten Werte Filteroberfläche und Filtervolumen im Verhältnis zur Teichoberfläche und dessen Volumen sorgt die Strömungsgeschwindigkeit, welche durch die Pumpenleistung definiert ist, für optimale Filtrationsergebnisse des aeroben Filters.

Die Filterleistung ist jedoch auch sehr stark vom Reinheitsgrad des Filtermediums und dessen Strömungswiderstand abhängig. In den mit Schmutz zugesetzten Regionen eines Filtermediums (z.B. japanische Filtermatten) ist keine Nitrifikation möglich, da die Frischwasserzufuhr und der Sauerstofftransport stark beeinträchtigt sind. Daher sollte die Filteran-

lage so konstruiert sein, daß möglichst keine mechanischen Verunreinigungen in die Bakterienbrutstätten gelangen. Aus diesem Grund ist ein „Vortex" und eine Bürstenkammer für den optimalen Betrieb einer Teichanlage unentbehrlich. Selbst bei einwandfreiem Betrieb aller Filtrationseinheiten fällt noch immer sehr viel Schmutz im Bakteriensubstrat an. Diese teilweise abgestorbenen Bakterienschichten müssen in regelmäßigen Abständen entfernt werden, um einen optimalen Durchfluß im Filtermedium sicher zu stellen.

Die Reinigungsintervalle hängen von der Beanspruchung des Filters ab, oder genauer, von der in den Teich eingebrachten Futtermenge. Man sollte es sich zur Pflicht machen, den Vortex täglich zu spülen. Die Bürstenkammer ist je nach Verschmutzung täglich bis wöchentlich zu reinigen. Die Filtermatten sind je nach Belastung monatlich bis vierteljährlich

Ein großes Tier der Rasse Sanke. Zu solchen Prachtexemplaren wachsen Koi nur heran, wenn die Schadstoffbelastung des Wassers so gering wie möglich gehalten wird.

Photo: Taikong Trading Corp., Taiwan

Die Plazierung des Filters und seine Einlaufphase

zu reinigen. Dabei ist es von Vorteil, nicht alle biologischen Kammern gleichzeitig zu säubern, sondern im rotierenden System. Besitzt der Filter zwei biologische Kammern, so ist z.B. bei hoher Belastung die eine Kammer in der ersten Monatswoche zu reinigen und die andere in der dritten Monatswoche. Der Vorteil einer solchen Vorgehensweise ist, daß nicht der gesamte Bakterienrasen aus dem Filter ausgewaschen wird und folglich die Abbauprozesse im Teichsystem kaum Schwankungen aufweisen. Sicherlich vernichtet man beim Ausspülen und Reinigen der Filter auch einige Bakterien, so daß der Filter nie seine maximale Besiedlungsdichte erreichen kann. Das sollte man jedoch in Kauf nehmen und besser einen Filter mit 95 prozentiger Auslastung betreiben als ein verstopftes, überbesiedeltes Milieu zu schaffen, das sauerstoffarme Zonen enthält, in denen sich patogene Keime und krankheitserregende Bakterien vermehren können.

DIE ANORDNUNG DES AEROBEN FILTERSYSTEMS

Es bestehen prinzipiell zwei Möglichkeiten der Filterplazierung: Schwerkraftfilter und Druckfilter. Ein Schwerkraftfilter wird außerhalb des Teichs angeordnet. Das Wasser strömt über Rohrsysteme in den Filter hinein, wobei der Filter mit der Wasseroberfläche des Teichs auf gleichem Niveau angelegt ist. Das bedeutet, die Oberkante des Filters entspricht in der Höhe der Teichoberkante. Es ist zweckmäßig, den Filter so nah wie möglich neben dem Teich in die Erde einzulassen. Dies hat den Vorteil, daß das Wasser langsam und ohne Druck in den Vortex sowie die Filterkammern strömt und am Ende der Filterkette von einer Pumpe in den Teich zurücktransportiert wird.

Bei Filtersystemen, die aus Platzgründen oder wegen fehlender Bodenabläufe erhöht konstruiert werden müssen, wird das Wasser von einer Pumpe an der tiefsten Stelle des Teichs entnommen und über Druckleitungen in den Filter transportiert. Solche Filteranordnungen werden als Druckfilter bezeichnet.

Der Nachteil dieser Art der Filterplazierung besteht darin, daß die Pumpen den relativ kompakten Kot der Fische zerteilen. Durch die in der Leitung herrschende starke Stömung werden die Exkremente weiter zermahlen. Diese

feinen Schwebstoffe sind weitaus schwerer aus dem Wasserkreislauf herauszufiltern.

DIE EINLAUFPHASE EINES AEROBEN FILTERS

Während der Einlaufphase eines Filters, sei es bei Inbetriebnahme oder durch ein Absterben der Bakterienfauna durch medikamentöse Eingriffe, ist besonders auf Wasserwerte wie Nitrit, Ammoniak und Ammonium zu achten. So können bereits bei einem Ammoniakwert von mehr als 3,0 mg/l Schäden an den Fischen auftreten. Der Nitritgehalt des Wassers ist für die Bakterienfauna von entscheidender Bedeutung. Bei Nitritwerten über 0,5 ppm ist ein Bakteriensterben unvermeidlich. An der Oxidation des Ammoniums zu Nitrit und Nitrat sind 7 Bakteriengattungen beteiligt. *Nitrosomonas, Nitrosococcus, Nitrospira* und *Nitrosolobus* sind am Oxidationsprozeß des Ammoniums zu Nitrit beteiligt. Bei der Oxidation von Nitrit zu Nitrat sind es die Gattungen *Nitrobacter, Nitrospina* und *Nitrococcus*.

Alle diese Bakteriengattungen sind gleich empfindlich gegenüber zu hohen Nitritkonzentrationen. Daher ist das Impfen der neuen Filteranlage mit eingelaufenen Filtermaterialien oder im Handel erhältlichen Filterbakterienkonzentraten wenig sinnvoll, wenn sich zu viel Nitrit im Wasser befindet. Die neu hinzukommenden Filtrationsbakterien würden sich durch den zu hohen Nitritwert ebenfalls vergiften. Aus diesem Grund muß in der Einlaufphase eines aeroben Filters der Nitritgehalt ständig kontrolliert werden und bei zu hohen Werten ist dieser durch mehrfache Wasserwechsel zu senken.

DIE ANORDNUNG DER ULTRAVIOLETTEN ENTKEIMUNGSLAMPEN

Hochenergetische UV-Lampen dienen in erster Linie der Entkeimung des Wassers, um den Infektionsdruck herabzusetzen und somit den Stress der Fische verringern. Ein positiver Nebeneffekt dieser Brenner ist die Bekämpfung störender Schwebealgen. Im Gegensatz zu diesen Brennern sind herkömmliche UV-Lampen nicht in der Lage, die Anzahl der Keime im Wasser effektiv zu senken (siehe hierzu weiter hinten).

Aus folgenden Gründen ist der Einsatz der UV-Brenner sinnvoll: Bei anhaltend guten Bedin-

UV-Licht und Wasserpflege

gungen (geringer Infektionsdruck) weisen die Fische eine höhere Fitness auf und sind nicht so leicht durch Bakterien und andere Krankheitserreger zu schädigen. Ein gesunder, kräftiger Fisch reagiert viel gezielter auf eindringende Erreger als ein Fisch, der sich Tag für Tag gegen die verschiedensten Erreger wehren muß.

Die Anordnung der UV-Strahler kann sowohl in der Druckleitung von der Pumpe zum Teich, als auch in die Schmutzwasser transportierende Zubringerleitung vom Teich zum Filter (Vortex) erfolgen.

Diese beiden Möglichkeiten besitzen jeweils Vor-und Nachteile. Die bekannteste Anordnung ist die, das UV-System hinter dem Filter in der Druckleitung anzubringen. Dies hat den Vorteil, daß hier ausschließlich klares Wasser die Lampe passiert und sich keinerlei Krankheitserreger, die hinter mechanischen Verunreinigungen verborgen sind, der Strahlung entziehen können. Nachteilig an dieser Anordnung ist, daß auch nützliche nitrifizierende Bakterien abgetötet werden, so daß die Oxidationsleistungen im Teich stark reduziert werden. Dies ist nur bei übergroßen Filteranlagen zu tolerieren.

Die zweite Möglichkeit ist der Einbau des Brenners vor dem Filtersystem. Durch diese Anordnung werden kaum nützliche Filterbakterien abgetötet. Der Infektionsdruck wird jedoch nicht so effizient reduziert, da sich patogene Keime hinter groben Schmutzpartikeln verbergen können. Es gibt jedoch eine dritte Möglichkeit, welche die Vorteile eines UV-Brenners optimal nutzt. Plaziert man das Entkeimungssystem zwischen der Bürstenkammer und dem biologischen Teil der Filteranlage, so sind die groben Verunreinigungen bereits herausgefiltert und nitrifizierende Bakterien werden nicht geschädigt. Ein weiterer Vorteil dieser Anordnung besteht darin, daß bei verschmutzter Bürstenkammer und dabei entstehender anerober Zonen sich hier bildende patogene Keime abgetötet werden, noch bevor sie in den biologischen Filterteil und den Teich gelangen. Bei ausreichender Filterhygiene können sich diese Zonen nicht bilden. Sollte jedoch einmal zwischen den Reinigungsintervallen ein größerer Zeitraum liegen, z. B. Urlaub, Krankheit etc., hat man bei dieser Anordnung einen Sicherheitsfaktor. Allerdings ist diese Art des Einbaus bei industriell gefertigten Komplettfilteranlagen problematisch.

WASSERPFLEGE

Da die Koi im Teich in einem geschlossenen Wassersystem leben und Fische allgemein in sehr engem Austausch mit dem sie umgebenden Medium Wasser stehen, sollte man großen Wert auf die Sauberkeit und Hygiene im Teich legen. Da in den Sommermonaten in der Regel sehr viel gefüttert wird, um ein optimales Wachstum zu erzielen,wird das Wasser durch den Stoffwechsel der Koi sehr stark belastet. Bei Wassertemperaturen über 22°C ist ein Koi in der Lage, aus einem Kilogramm Trockenfutter mehr als 500 Gramm Körpersubstanz zu bilden. Voraussetzung hierzu sind optimale Wasserwerte sowie ein Futter mit ausreichend hohem Proteingehalt. Daß solche extreme Stoffwechselvorgänge das unsere Fische umgebende Milieu Wasser stark belasten, dürfte jedem verständlich erscheinen. Bei einer solch intensiven Fütterung mit hochwertigen Proteinen wird es jedoch immer schwieriger, eine optimale Wasserqualität zu halten. Je höher der Proteinanteil, desto konzentrierter sind die Abfallprodukte des Stoffwechsels. Insbesondere die Ammonium- und Ammoniakwerte können bei unzureichender Filterung sehr schnell in schädliche Bereiche steigen. Bedenkt man, daß ein Karpfen die ihm dargebotene Nahrung nur zu 60% nutzen kann und die übrigen 40% als Kot und Urin wieder ausgeschieden werden, gewinnt man eine Vorstellung, wie stark sich eine solch intensive Fütterung auf die Wasserqualität auswirkt. Aufgenommene Proteine, die der Fischorganismus nicht verwerten kann, wandeln sich teilweise noch im Organismus zu giftigen Eiweißverbindungen um. Die Stickstoffverbindungen Ammonium und Ammoniak werden durch die Kiemen ausgeschieden. Dieser Vorgang wird durch optimale pH-Werte begünstigt. Bis zu einem pH-Wert von 7,8 ist ein einwandfreier Austausch der Stickstoffverbindungen gewährleistet. Aus diesem Grund ist die Kenntnis des pH-Wertes für jeden Koihalter ein absolutes Muß.

Gerade in den Sommermonaten unterliegt dieser sehr hohen Schwankungen und sollte vor allem von Anfängern mehrmals täglich gemessen werden. Besonders in den Sommermonaten führt der hohe Nährstoffeintrag oftmals zu einer Überdüngung des Gewässers. Dies führt zu einer raschen Vermehrung der Schwebealgen. Eine solche Algenblüte kann auch sehr schnell, wie schon vorher geschil-

UV-Licht und Wasserpflege

dert, Einfluß auf den pH-Wert nehmen. Sollten Sie die entsprechenden einleitenden Bemerkungen zur Wasserchemie überblättert haben, empfehlen wir Ihnen dringend, das Versäumte jetzt nachzuholen. Indem die Algen, besonders in den Mittagsstunden, das gesamte freie CO_2 sowie den gebundenen Anteil CO_2 der Karbonathärte verbrauchen, kommt es zu einem raschen Wechsel des pH-Werts, da die Karbonathärte nicht mehr in Lösung gehalten wird. Ein sehr feiner, an den Teichwänden festgebackener, sich sehr rauh anfühlender Niederschlag zeugt oft noch Wochen später von dieser Reaktion. Um diese unkontrollierbare Reaktion zu verhindern, sollte besonders in den Sommermonaten dem Filtersystem eine UV-Lampe angegliedert werden.

Diese handelsüblichen Geräte sind in der Anschaffung relativ günstig, wenn man den Schaden bedenkt, den eine solche Algenblüte anrichten kann. Zum Prinzip solcher Lampen ist folgendes zu sagen: Alle mit einer Neonröhre ausgestatteten UV-Lampen haben eine nur sehr begrenzte Lebensdauer und man sollte sich nur solche Lampen anschaffen, die über austauschbare Neonröhren verfügen.

Bei ständigem Betrieb solcher UV-Lampen sollten die Röhren etwa alle 6 Monate ausgetauscht werden. Ihre Leistung beschränkt sich jedoch lediglich auf das Vernichten der Schwebealgen, nicht jedoch auf die Dezimierung von Bakterien oder gar die Desinfektion des Wassers. Lediglich in den ersten Betriebsstunden ist ein Herabsetzen des Infektionsdrucks zu erkennen. Danach driftet die Wellenlänge des abgegebenen UV-Lichts aus dem für Bakterien schädlichen Wellenlängenbereich von 254,02 Nanometer heraus, so daß lediglich eine Dezimierung der Algen stattfindet. Ihr Fachhändler wird sie hierzu sicher gerne beraten.

In letzter Zeit werden für den Teichsektor auch sogenannte UV-Brenner angeboten. Diese Brenner halten die gewünschte Wellenlänge von 254,02 Nanometer sehr lange konstant, so daß diese Geräte nicht nur in der Lage sind eine Algenblüte zu verhindern, sondern auch den Infektionsdruck zu reduzieren. Dies hat auf das Imunsystem der Fische einen vitalisierenden Einfluß. Ihr Anschaffungswert übersteigt den gewöhnlicher UV-Lampen, je nach Ausstattung, geringfügig bis erheblich. Ihre Stromaufnahme ist zwar wesentlich höher. Sie weisen jedoch einen viel höheren Wirkungsgrad auf. Während UV-Lampen bei einer Aufnahme von 22 Watt eine Strahlenleistung von nur 2 Watt besitzen, sind UV-Brenner in der Lage, aus 86 Watt eine Strahlenleistung von etwa 80 Watt abzugeben.

Wer auf eine leichte Algentrübung, die auch durchaus gute Eigenschaften besitzt, nicht verzichten möchte, sollte sich alt hergebrachter Mittel aus der Karpfenzucht bedienen.

So könnte man das Gewässer mit großen Styroporkugeln abdunkeln, oder eine geringe Menge Ton bzw. Lehm hinzugeben, der sich sehr fein für längere Zeit im Wasser verteilt und so viel Tageslicht absorbiert, daß die Photosynthese der Algen gehemmt wird.

Ein weiterer Vorteil von Ton ist, daß er Schwermetalle kolloidal bindet. Eine gewisse, für den Wassersäurehaushalt unbedeutende Menge an Algen, die regulierend auf den Nitrat-Wert einwirkt und darüberhinaus den Karpfen als Nahrung dienen kann, sollte als nicht unbedeutender Faktor für die Farbtiefe Beachtung finden. Im übrigen sei noch auf den Sichtschutz, den Algen und Tonsuspension den Fischen bieten, hingewiesen. Eine stark wechselnde Lichtmenge, die durch trübe Wasserschichten erreicht wird, wirkt zusätzlich stimulierend auf die Farbintensität der Fische.

In der Literatur wird häufig auf die Wirksamkeit von Zeolith hingewiesen. Gerade bei akuten Algenblüten ist dieses Naturgestein in der Lage, eine solche Menge an Ammonium und Ammoniak zu binden, daß die Vermehrung der Algen stark eingeschränkt wird und nach ein bis zwei Wochen das Wasser deutlich aufklärt. Ammonium und Ammoniak sind die Vorstufen von Nitrit und Nitrat, von welchem sich die Algen ernähren. Der Stickstoffkreislauf wird somit unterbrochen.

Während das Zeolith im Filtersystem eingesetzt wird, darf im Teich keine Kochsalzbehandlung durchgeführt werden, da höhere Kochsalzkonzentrationen den Absobtionsvorgang umkehren, so daß innerhalb kürzester Zeit hohe Ammonium und Ammoniakkonzentrationen freigesetzt werden. Zeolith kann nur eine begrenzte Menge dieser Stickstoffverbindungen aufnehmen. Ist die Sättigungsgrenze erreicht, muß das Zeolith in einem Kochsalzbad regeneriert werden. Ein regelmäßiger Austausch des beladenen Zeoliths gegen regeneriertes oder frisches Mineralgestein sollte sich im festen Arbeitsplan der Teichpflege etablieren. Bei längeren Verweilzeiten kann es zur unkontrollierten Abgabe des Ammonium oder Ammoniaks kommen, was ein Massensterben

Zeolith und andere spezielle Filterstoffe

zur Folge hätte, falls man die Situation nicht rechtzeitig erkennt und Gegenmaßnahmen, wie die Herausnahme aller Fische, ergreift.

Ein weiteres Hilfsmittel, das zur Reinhaltung des Wassers zur Verfügung steht, ist die sogenannte Hochaktivkohle. Durch ihre große Anziehungskraft auf die im Wasser gelösten Verunreinigungen vermag sie Pestizide und sonstige, schon aus der Wasserleitung kommende oder durch Regenwasser eingeschwemmte Verunreinigungen zu binden und bei rechtzeitiger Entnahme der Kohle aus dem Wasserkreislauf, zu eliminieren. Beim Kauf der Aktivkohle sollte man besonderes Augenmerk auf die einwandfreie Herkunft der Kohle richten. Vom Erwerb billiger, eventuell recycelter Aktivkohle sollte man unbedingt Abstand nehmen. Doch auch bei den auf dem Markt befindlichen seriösen Produkten gibt es große Preis-Leistungsunterschiede. Von gewöhnlicher Aktivkohle über Hochaktivkohle bis hin zu Aktivkohlen, die zu je einem Drittel aus organischer Kohle, synthetischer Kohle und Steinkohle bestehen. Diese zuletzt genannte Art der Aktivkohle vermag sämtliche chemische Verunreinigungen dauerhaft zu binden. Diese Kohle kann auch als Trägersystem für speziell entwickelte Filterbakterienmischungen dienen, welche den Anteil der organischen Kohle herausfressen und somit ihre spezifischen Lebensräume erschaffen. Ein weiterer Vorteil der Anschaffung von hochwertigen Aktivkohlen liegt in ihrem höheren Absorbtionsvermögen im Vergleich zur herkömmlichen Aktivkohle. Man benötigt wesentlich weniger davon und somit relativiert sich der hohe Anschaffungspreis. Zur Reinigung des Teichwassers verwendet man je nach Art der Kohle zwischen ein Liter pro Kubikmeter bis ein Liter pro zehn Kubikmeter. Jede Aktivkohle sollte man vor Gebrauch für etwa eine halbe Stunde in heißes Wasser geben, damit sich ihre Poren öffnen und die volle Austauschfläche zur Verfügung steht. Auch die durch verrottendes Laub im Herbst hervorgerufene Trübung des Wassers läßt sich durch den Einsatz von Hochaktivkohle erfolgreich beseitigen. Beläßt man normale Aktivkohle zu lange im Wasser, wird sie die aufgenommenen Veunreinigungen selektieren, d.h. die Aktivkohle beginnt minder geladene Verunreinigungen gegen die in der chemischen Ladung stärker geladenen Verunreinigungen auszutauschen. Diese Beschreibung ist nur sehr oberflächlich und laienhaft, sollte an dieser Stelle jedoch

genügen. Des weiteren sind im Handel sogenannte Wasseraufbreitungsmittel erhältlich, die auf Basis von Chelaten arbeiten. Chelate sind Krebsscherenmoleküle, welche die in Lösung befindlichen Schwermetallionen umschließen und diese somit aus dem Milieu Wasser isolieren. Diese Ummantelung geschieht ebenfalls mit Hilfe der chemischen Ladungszahl. So können die für Fische höchst toxischen Schwermetallionen gebunden und isoliert werden. Diese Art von Wasseraufbereitungsmittel sind sehr gut und in manchen Gegenden Europas sogar unentbehrlich. Da die Kosten für solche Aufbereitungsmittel relativ hoch sind, ist ihre Verwendung nur beim Wasserwechsel angebracht. Ein regelmäßiger Wasserwechsel von wöchentlich 20–30% wirkt sehr stimulierend auf die Fische und entlastet die Filteranlage deutlich. Ein sehr relevanter Wert zur Beurteilung der Wassergüte und des Infektionsdrucks ist der Sauerstoffgehalt ausgedrückt in Prozent der Absättigung. So kann sich der Sauerstoffgehalt nach Reinigung des Filtersystems von mechanischen Verunreinigungen wie z.B. Fischkot und anderen Ablagerungen mehr als verdoppeln. Zwischen der Höhe des Sauerstoffgehalts und der Zusammensetzung der Bakterienfauna im Teich und Filtersystem besteht ein direkter Zusammenhang. Enthält das Wasser weniger Sauerstoff als dies bei einer bestimmten Temperatur möglich wäre, können sich die für Koi schädlichen Bakterien besser entwickeln.

Diese schädlichen *Pseudomonas*-Bakterien bevorzugen anaerobe, d.h. sauerstoffarme Zonen, in denen sie sich begünstigt vermehren können. Je höher der Sauerstoffgehalt desto geringer ist somit die Anzahl schädigender Bakterien. Gleichzeitig ist bei hohem Sauerstoffgehalt die Vermehrungsrate der für die Filterung nützlichen Bakterien größer. Bei sehr hohen Sauerstoffwerten funktioniert das Filtersystem annähernd optimal und verbraucht dabei sehr viel Ammonium. Aus diesen Gründen sollte das Teichsystem immer eine größtmögliche Sauerstoffabsättigung aufweisen.

DIE RICHTIGE ERNÄHRUNG VON KOI

Die maximale Größe die ein Koi erreichen kann, ist ein sehr wichtiges Potential im Hinblick auf seinen Wert und seine Ausstrahlung. Ein zweijähriger Koi, der bereits eine Größe

Die richtige Ernährung von Koi

Werden Koi in professionellen Zuchtbetrieben von Futterautomaten versorgt (hier: Mag Noy in Israel), lernen sie sehr schnell, von wo und wann es Futter gibt.

Photo: Mag Noy

von über 40 cm erreicht hat, ist die absolute Ausnahme. Diese Aussage gilt jedoch nur für gemäßigte Zonen wie Deutschland oder die Niigata Region in Japan, da das Wachstum sehr stark von der Wassertemperatur abhängig ist. Einem solchen Fisch die Möglichkeit zu geben, sein starkes Wachstum voll auszunutzen, ist Aufgabe des Pflegers und steht in direktem Zusammenhang mit der Frage , wie man Koi richtig ernährt. In der Natur ist der Karpfen auf die Nahrung angewiesen, die er in ausreichenden Mengen findet. Die Zusammensetzung dieses Nahrungsangebots ist von den Jahreszeiten abhängig. Seine Hauptnahrung sind Wasserflöhe, Hüpferlinge und Bodentiere wie Rote Mückenlarven oder Tubifex-Würmer.

Wasserflöhe und Hüpferlinge werden zum tierischen Plankton gezählt. Der Koiliebhaber kann diese Futtertiere in natürlichen Teichen mit Hilfe eines Planktonnetzes fangen. In den Sommermonaten ist es möglich, an geeigneten Tümpeln riesige Mengen an Wasserflöhen zu erbeuten. In der kalten Jahreszeit ist der Anteil an Hüpferlingen größer. Zu beachten ist, daß der Fang wildlebender Tiere in Deutschland verboten ist. Beim Fang von Lebendfutter ist die Gesetzeslage zu beachten. Manch ein naturverbundener Aquarianer wurde wegen Wilderei angezeigt. Sollten Sie jedoch einen Privatteich zur Verfügung haben,

an dem Sie ihre eigenen Futtertiere züchten und entnehmen dürfen, sei hier eine kleine Anleitung zum Fang gegeben. Zum Fang von Lebendfutter benötigen Sie ein mit Nylongaze bespanntes, rundes Netz. Der Durchmesser sollte ca. 50 cm betragen und es sollte nach hinten zu einem langen spitzen Trichter zulaufen, dessen Ende verschlossen ist. Die Netzstange sollte möglichst lang und leicht sein, eine Länge von 3 Metern ist ideal.

Beim Fang sollte man sich auf die Seite des Gewässers stellen, an der Ihnen der Wind vom Wasser aus ins Gesicht bläst, denn hier sammelt sich mit dem warmen Oberflächenwasser das tierische Plankton. Das Netz wird im Wasser so geführt, daß es eine Acht beschreibt. Es sollte nicht zu dicht am Gewässergrund entlang geführt werden um keinerlei Schmutzpartikel aufzuwühlen. Im Sog des vorbeiziehenden Netzes lösen sich die Futtertierchen vom Bodengrund und können mit der nächsten Netzumkreisung eingesammelt werden. Wasserflöhe sind vor allem in nährstoffreichen Teichen vorhanden und können hier in Massen gefangen werden. Eine braunrote Wasserfärbung verrät die Anwesenheit größerer Wasserflohansammlungen.

Ein weitere, sehr nahrhafte Futtertiergruppe bilden die Mückenlarven. Hier unterscheidet man zwischen Roten, Weißen und Schwarzen Mückenlarven. Die Rote Mückenlarve ist die

Lebendfutter

größte der drei „Sorten". Mehrere tausend verschiedene, nicht stechende Mückenarten, die praktisch jedes denkbare Gewässer weltweit bewohnen, verbergen sich hinter dem Sammelbegriff „Rote Mückenlarven". Ihr Körper ist in zwölf gleich große Segmente unterteilt. Die für Futterzwecke in Frage kommenden Arten leben im Schlamm sowohl fließender als auch stehender Gewässer. Da die Roten Mückenlarven sehr anpassungsfähig sind, leben sie auch in Gewässern schlechterer Güte. Da sie in belasteten Böden sehr viele Giftstoffe resorbiert, sollte sie erst nach längerem Wässern verfüttert werden.

Die Schwarze Mückenlarve ist den ganzen Sommer über in Restwasserzonen zu finden. Ihr hoher Anteil an Hormonen und Aminosäuren machen sie als Futter für zuchtreife Fische sehr beliebt. Der Fang ist einfach und geschieht mit dem gleichen Netz, das auch zum Erbeuten von Wasserflöhen eingesetzt wird. Regentonnen mit etwas Rasenschnitt versetzt bilden eine gute Brutstätte für Schwarze Mückenlarven. Sie sind daran zu erkennen, daß sie mit dem Kopf nach unten an der Oberfläche hängen und bei Gefahr schlagartig in tiefere Wasserzonen flüchten. Charakteristisch ist hierbei ihre ruckartige Fortbewegungsweise. Da diese Mückenlarve die Larve der Gemeinen Stechmücke, auch Schnake genannt ist, sollte sie zur Vermeidung familiärer Streitigkeiten nur im Freien verfüttert werden. Die Weiße Mückenlarve steht uns das ganze Jahr über zur Verfügung. Sie ist nur in sauerstoffreichen, sehr sauberen Gewässern zu finden. Ihre Verfütterung ist in jeder Hinsicht unbedenklich und durch ihren hohen Eiweißgehalt sehr zu empfehlen. Alle Mückenlarven sind auch in tiefgefrorener Form im Zoohandel erhältlich.

Bei der Auswahl der Koinahrung muß auf die entsprechende Ausgewogenheit geachtet werden. Karpfen sind omnivore Lebewesen, dies bedeutet, daß ihre Nahrung sowohl tierische als auch pflanzliche Bestandteile enthält. Zur pflanzlichen Futterpalette zählen vor allem die Früchte verschiedener Ackerpflanzen, wie z.B. Mais, Reis und Erbsen. Diese sind sehr einfach zu beschaffen und werden von den Karpfen gerne genommen. Problemlos sind ungewürzte Erbsen und Mais aus der Dose zu verwenden. Vor dem Verfüttern sollten sie auf jeden Fall gut abgespült werden. Diese Futtermittel sind als Erstfutter im Frühjahr ab einer Wassertemperatur von 15°C ideal. Leicht zu verdauender Reis steht dabei am Beginn der

Frühjahrsfütterung. Er ist ein ideales Futter, um die Darmtätigkeit der Fische nach einem langen Winter anzuregen. Sollten Ihre Fische keinen Reis mögen, so sollten Sie testen, wie sie auf den Gruß „Schalom" reagieren, vielleicht handelt es sich um Nordafrikaner?

Spaß beiseite, für Koi, die Reis noch nicht kennengelernt haben, ist er gewöhnungsbedürftig. In der ersten Fütterungswoche nach der Überwinterung ist es sinnvoll, nur Reis zu geben, da sich dann der gesamte Fischorganismus sehr schonend reaktiviert. Steigen die Temperaturen an, so ist es angebracht, dem Futter die besonders leicht zu verdauenden Roten Mückenlarven als tierischen Proteinanteil hinzuzufügen. Ab Temperaturen über 18°C kann man die gesamte Palette der Futtermittel anwenden. Eine Ausnahme bildet das sehr eiweißhaltige Muschelfleisch. Hier muß man vorsichtiger sein. Durch den hohen Proteinanteil wird sowohl der Fischorganismus als auch der Filter in sehr starkem Ausmaß belastet. Muschelfleisch darf nur sehr dosiert gegeben werden und unter ständiger Überwachung der Wasserwerte. Bei Temperaturen unter 15°C sollte überhaupt nicht gefüttert werden. Unterhalb dieser Temperaturgrenze verbraucht der Karpfen bei dem Verdauungsvorgang mehr Energie als er aus der Nahrung gewinnen

Ententeiche sind, weil nährstoffreich, meist ergiebige Futterquellen. Doch sind vor dem Fang der Futtertiere unbedingt die rechtlichen Seiten der Angelegenheit zu bedenken und zu klären. In Deutschland sind die Bestimmungen der jeweiligen Bundesländer zu beachten!

Photo: F. Schäfer

Pflanzliche Kost

Wasserlösliche Vitamine				
Vitamin	Name	min.Konzentration pro kg Futter	Aufgabe	Mangelerscheinungen
B1	Thiamin	1–2 mg	Kohlenstoffabbau (Stoffwechsel)	Störungen der Muskel und Nerven; Abmagern; Blutungen an den Flossen
B2 Komplex	Riboflavin	2 mg	Aufbau der Schleimhaut; Übertragung vonNervenreizen; Bestandteil von über 60 Enzymen; wichtige Rolle im Stoffwechsel der Kohlenhydrate, Fette und Eiweiße	Wachstumsschäden ; Schleimhautschäden; Hautentzündungen; Augeneintrübung; Schädigung der Nerven
	Niacin	15–20 mg	Ist in jeder Körperzelle vorhanden; Stoffwechselfunktion als Wasserstoffüberträger	Nervenschäden; Kiemenschwellung ; Rückbildung des Rückenmarks; Entzündung der Darmschleimhaut
	Pantothensäure	3–5 mg	Bestandteil des Coenzyms AÆ; zentrale Stellung im Stoffwechsel	Wachstums und Nervenschäden; Entzündung der Darmschleimhaut; Leberverfettung; Kiemenschäden
	Folsäure	1–2 mg	Bildung des Coenzyms FÆ; Auf- und Abbau von Aminosäure; Zellvermehrung; Blutbildung	Blutarmut; schlechte Abwehrkräfte
B6	Pyridoxin	2 mg	Bildung von PyridoxalphosphatÆ; Zuständig für die Aufnahme der Aminosäuren in den Körperzellen	Störung des Stoffwechsels; Wachstumsstillstand; Entzündungen an der Mund- und Darmschleimhaut; Leber- und Nervenschäden
B12	Cobalamine	1–2 mg	Stoffwechsel; Bildung roter Blutkörperchen; Zell- und Erbmaterialbildung	Minimale Mangelerscheinungen treten nur bei rein pflanzlicher Ernährung auf
C	Ascorbinsäure	75 mg	Bildung von Bindegewebe; Allgemeine Schutzfunktion; Festigkeit der Blutgefäße	Höhere Anfälligkeit für Infektionskrankheiten; Blutungen der Haut; Knochenmißbildungen; verzögerte Heilung bei Verletzungen
H	Biotin	0,5 mg	Bestandteil verschiedener Enzyme, die an der Übertragung von Kohlendioxid beteiligt sind	Schleimhautentzündungen; Nervosität

kann. Diese Regel ist in jedem Fall zu beachten, egal welche Futtermittel den Tieren gegeben werden. Viele japanische Züchter der Niigataregion setzen im Winter die Fütterung für mehr als 4 Monate aus. Das Angebot an sehr guten, industriell gefertigten Trockenfutterarten ist groß. Auch Futtermischungen für Speisekarpfen sind für ein gutes Wachstum ausreichend. Sie sind jedoch nicht mit farbverstärkenden Zusatzstoffen angereichert. Das Anreichern mit farbverstärkenden Futterkomponenten ist hier anzuraten und leicht mit Spirulina oder carotinhaltigen Produkten zu erreichen. Es ist besser, Trockenfutter portionsweise direkt vor der Fütterung in Wasser vorzuquellen, um einen Darmverschluß der Koi auszuschließen. Bereiten Sie bitte nur soviel Futter vor, wie Sie pro Fütterung benötigen. Beim Quellen des Trockenfutters kann man sehr leicht Vitaminpulver, wie Vitazon, oder mineralstoffhaltige Präparate, z. B. Osspulvit, der Nahrung zusetzen. Von einer Vitamingabe über das Wasser ist in jedem Fall abzuraten, da hier höchstens die Bakterien, die sich im Freiwasser befinden, gefüttert werden und sich der Infektionsdruck auf die Koi verstärkt.

FROSTFUTTER

Als Frostfutter bezeichnet man Futtermittel, die in Zoohandlungen oder auch bei Koihändlern in gefrorenem Zustand in Tafeln von 100 g bis 1 kg verkauft werden. Unter Koiliebhabern sind diese Futtermittel bisher weitgehend unbekannt. Für engagierte Aquarianer sind diese Leckerbissen nichts Neues und für die Zucht einer Vielzahl tropischer Fische unverzichtbar. Für die großwüchsigen Koi eignet sich vor allem Krill.

Frostfutter

Fettlösliche Vitamine				
Vitamin	Name	min.Konzentration pro kg Futter	Aufgabe	Mangelerscheinungen
A1 & A2	Retinole	1,5 mg Vitamin A oder 3 mg Carotin	Haut und Epithelschutz und -aufbau	Leberverfettung,Kiemen und Rückgratdeformationen; Blutungen der Haut und des Mundes
D1–D7	Calciferole	10 Mikrogramm	Calcium und Phosphat-Stoffwechsel	Phosphat und Calcium kann vom Körper nicht aufgenommen und dem Knochenaufbau zugeführt werden
E Komplex	Tocopherole	5–10 mg	Verhindern das ranzigwerden von ungesättigten Fettsäuren	Unfruchtbarkeit; abnormales Schwimmverhalten; Entzündungen der Leber und der Schwimmblase; Stress
K1 & K2	Phyllochinone	0,001–0,05mg	Wird zur Blutgerinnung benötigt	Blutungen

Dies sind kleine Garnelen, die in verschiedenen Handelsgrößen zur Verfügung stehen. Feiner Krill, auch Oceanplankton genannt, ist für Koi ab einer Größe von 12 cm sinnvoll.

Grober Krill eignet sich für Tiere ab einer Körperlänge von 25 cm. Für Fische ab 35 cm verwendet man gefrorene Shrimps. Die Jungbrut kann man mit tiefgefrorenen, ausgewachsenen Artemia Krebschen ernähren. Für frisch geschlüpfte Jungfische sind ebenfalls frisch geschlüfte tiefgefrorene Artemia Krebschen erhältlich, die ab einer Fischgröße von 5 cm gegen ausgewachsene Artemia oder tiefgefrorene Wasserflöhe ersetzt werden können. Auch tiefgefrorene Mückenlarven sind in 100, 500 und 1.000 Gramm-Packungen erhältlich und sind für Koi jeder Größe geeignet.

WARUM ABWECHSLUNGSREICH FÜTTERN?

In der Natur gilt bei Pflanzen, Tieren und Menschen das Gesetz des Minimums. Gewebe wird aus Nährstoffen aufgebaut. Fehlt einer dieser Nährstoffbausteine, kann das Gewebe nicht synthetisiert werden, unabhängig davon, in welchem Überfluß die restlichen Bausteine vorliegen.

Der Chemiker Liebig, der als erster diese komplexen Stoffkreisläufe entdeckte, verbrannte (oxidierte) Getreide, um aus der Asche dieser Pflanze die Elemente zu bestimmen. Aus dieser Analyse ging der Aufbau der Planze und das Verhältnis der Bausteine zueinander hervor. Stellt man der Pflanze zu ihrem Wachstum genau diese Stoffe im ermittelten Verhältnis zur Verfügung, so wächst sie sehr schnell und gleichmäßig. Ein Fischorganismus funktioniert

nach dem gleichen Prinzip. Erhält ein Karpfen die benötigten Nährstoffe in einem ausgewogenen Verhältnis, so ist er in der Lage, durch Verdauung und körpereigene Synthese sich seine Bausteine zu erstellen und diese in Wachstum und Bewegungsenergie umzusetzen. Um die Inhaltsangabe auf Trockenfutter besser verstehen und die Qualität des Pelletfutters einschätzen zu können, werden nachfolgend die Nährstoffe ausführlich beschrieben.

DIE BENÖTIGTEN NÄHRSTOFFE

Das Protein

Proteine (ein anderes Wort dafür: Eiweiße) sind die Grundbausteine des Lebens. Proteine finden sich in der Muskulatur, im Gehirn – einfach in allen Strukturen des Körpers wieder. Der rote Blutfarbstoff Hämoglobin, der für den Sauerstofftransport von den Kiemen zur Muskulatur und anderen Organen zuständig ist, ist ein Eiweiß. Anhand dieser Beispiele soll die Wichtigkeit der Eiweiße verdeutlicht werden.

Sehr viele verschiedene Eiweiße sind am Aufbau eines Organismus beteiligt. Die Eiweißstrukturen unterscheiden sich in ihrem Aufbau. Man kann dies mit der Bildung eines Satzes vergleichen. Jeder Buchstabe ist ein Bestandteil und die Reihenfolge ergibt den Sinn. Die Buchstaben aus denen sich ein Eiweiß aufbaut werden als Aminosäuren bezeichnet. Die Anordnung dieser Aminosäuren unterscheidet z.B. ein Eiweiß, das die Muskulatur bildet von dem Eiweiß des roten Blutfarbstoffs. Es sind über 20 verschiedene Aminosäuren beschrie-

Die Grundnährstoffe

ben. Die Futtermittel müssen nicht alle 20 Aminosäuren enthalten, denn einige von ihnen kann der Karpfen aus anderen Aminosäuren synthetisieren. Die Aminosäuren, die er nicht bilden kann und die zugleich die Basis sind, um die restlichen zu generieren, nennt man essentielle Aminosäuren.

Die wichtigsten dieser Aminosäuren sind Lysin, Methionin und Cystin. Für die Qualität der Futtermittel ist es ausschlaggebend, daß sie möglichst viele der essentiellen Aminosäuren enthalten. Unterschiedliche Futtermittel, z. B. eine Mischung aus Garnelen, Mais und Trockenfutter, ergänzen sich, da sie unterschiedliche Aminosäuren aufweisen. Auch Naturnahrung enthält Eiweiß in sehr hoher Quantität und Qualität. Daher ist eine möglichst abwechslungsreiche und ausgewogene Ernährung der Koi der beste Garant für gesundes Wachstum und vitale Fische.

Fett

Fett ist kein einheitlicher Stoff, sondern es baut sich aus unterschiedlichen Stoffen auf, von denen die sogenannten Fettsäuren für uns von besonderem Interesse sind. Man unterscheidet gesättigte und ungesättigte Fettsäuren. Sie sind maßgeblich am Aufbau des Fischorganismus beteiligt. Der Fischkörper weist insbesondere an den Bauchlappen und an der Leber gespeichertes Fett auf. Allerdings ist eine zu fettreiche Fütterung die Ursache für Verfettung und Krankheiten eines Koi. Prinzipiell belastet es den Organismus der Fische sehr stark, da es sich hier um aktives Gewebe handelt, das mit Nährstoffen versorgt werden muß. Im Sommer liegt der Fettbedarf der aufgenommenen Nahrung bei höchstens 8 % Fettanteil.

Für eine sichere Überwinterung sind Fettreserven unverzichtbar. Fett ist ein sehr guter Energielieferant in schlechten Zeiten. So sollte man im Herbst den Koi ein fetthaltiges Futter zur Verfügung stellen oder Trockenfutter mit Fischöl anreichern. Der Fettgehalt liegt in dieser Aufbauphase idealerweise bei 11 %. Das im Fischkörper abgelagerte Fett besteht zu 80 % aus ungesättigten Fettsäuren. Dies ist ein sehr hoher Anteil an ungesättigten Fetten im Vergleich zu Schweinefett, das nur zu 50 % aus ungesättigten Fettsäuren aufgebaut ist.

Sowohl pflanzliche als auch tierische Fette müssen in ausgewogenen Anteilen immer in der Nahrung der Fische vorhanden sein. Trockenfutter enthält diese essentiellen Fette meist in einem guten Verhältnis und sollte nie ganz vom Futterplan gestrichen werden.

Die Farbintensität der Rotanteile werden bei Koi (wie bei allen anderen Fischen auch) wesentlich durch den Anteil aufgenommener Karotinoide mitbestimmt.

Photo: J. Dingeldein

Rohfaser

Unter Rohfasern versteht man alle Bestandteile der Nahrung, die nicht verdaut werden können. Für die Verwertung des Futters sind sie wichtig, da sie die Geschwindigkeit der Darmpassage regulieren und so eine gründliche Verdauung ermöglichen. Rohfasern werden in der Natur zwangsläufig bei der Nahrungssuche der Karpfen, z. B. beim Absammeln der Wasserpflanzen, mit aufgenommen.

Eine ähnliche Aufgabe erfüllen die chitinhaltigen Panzer der Schalentiere bzw. Wasserflöhe und Bachflohkrebse, die in der Natur dem Karpfen als Nahrung dienen.

In einem Koiteich können wir diese Nahrungsmittel durch die Gabe von tierischem Plankton (Krill oder Artemia-Krebschen) ersetzen.

Futter
Die Grundnährstoffe

Kohlenhydrate

Kohlenhydrate oder Zucker gehören zu den wichtigsten Energielieferanten überhaupt. Koi können nur niedermolekulare Zucker verdauen. Zellulose z. B. kann nicht verwertet werden. Stärke und Zucker sind Kohlenhydrate, die vom Fischkörper zu Fett verarbeitet und im Körper gespeichert werden. So können auch Karpfen, die ihr Leben lang nur mit fettarmen Futtermitteln gefüttert wurden, durch einseitige Ernährung verfetten. Auch hier ist auf die Ausgewogenheit und die Vielfalt der angebotenen Kohlenhydrate zu achten.

Der Zucker (Glukose) wird zur Energiegewinnung benötigt. Die Mucopolysacharide sind in der organischen Grundsubstanz der Knochen und Gelenke zu finden. Die Mucine sind am Aufbau der Schleimhaut beteiligt. Übrigens arbeitet das Nervensystem ausschließlich mit Zuckern als Energielieferant. Andere Energiequellen können hier nicht verwertet werden. Die besten Stärkelieferanten sind Mais, Reis und Erbsen.

Vitamine

Bei den Vitaminen handelt es sich nicht um Nährstoffe im eigentlichen Sinn, sondern um geringe Mengen von organischen Stoffen, die für den Körper von entscheidender Bedeutung sind. Auch bei dieser Stoffgruppe gibt es essentielle Vitamine, die der Organismus mit der Nahrung aufnehmen muß. Diese werden vom Fisch direkt verbraucht oder sie dienen als Vorstufen zur Bildung synthetisierter Vitamine.

Wasserlösliche Vitamine (Tabelle 1)

Thiamin (Vitamin B1) ist in Hefe, Herz und Leber enthalten. Die nun folgenden Vitamine werden im B2-Komplex zusammengefaßt: Riboflavin ist in Leber, Fleisch, Hefe, Weizen, Eier und Spinat enthalten.
Niacin ist in Leber und Hefe reichlich vorhanden (kann von Karpfen mit Hilfe ihrer Darmbakterien selbst gebildet werden).

In vielen der jungen Koi auf dem Bild oben steckt die Veranlagung zu einem Spitzentier. Eine ausgewogene Ernährung ist ganz wesentlich mitentscheidend dafür, ob die guten Anlagen zum Tragen kommen oder verkümmern.

Photo: Mag Noy

Die Vitamine

Folsäure, die zur Bildung von Vitamin C benötigt wird, ist in Hefe und Leber enthalten. Pyridoxin (B6) ist in Leber, Hefe und Fischfleisch reichlich enthalten (kann ebenfalls durch Darmbakterien gebildet werden).

Cobalamin (B12) ist in Leber, Eigelb, Fisch- und Muschelfleisch enthalten. Ascorbinsäure (Vitamin C) ist in hohem Maß in Petersilie enthalten, die an Koi verfüttert werden kann. Biotin (Vitamin H) ist in Leber und Hefe enthalten.

Vitamine sind vor direkter Sonneneinstrahlung geschützt aufzubewahren, da sie sonst zerfallen. Im Wasser zersetzen sie sich sehr schnell, besonders bei Anwesenheit von Kupfer- oder Nitrationen. Manche Vitamine können von den Darmbakterien gebildet werden. Nach einer Antibiotikabehandlung sind diese Bakterien in höchstem Maße geschädigt und können verschiedene Vitamine nicht mehr in ausreichenden Mengen bilden. Hier ist eine Vitaminisierung des Futters durch Multivitaminpräperate anzuraten. In Leber und Hefe sind sehr viele Vitamine enthalten.

Eine Anreicherung des Trockenfutters mit Bierhefe ist für den gesamten Fischorganismus vorteilhaft. Dies geschieht am besten während des Quellvorgangs, wenn das Futter leicht klebrig ist und gut Hefe an sich binden kann. Leber kann in geriebener Form einmal die Woche gereicht werden und ist eine hervorragende Ergänzung des Futterplans. Bei den Aquarianern ist das Verfüttern von Herz und Leber in gemahlener Form durchaus kein Geheimtip mehr. Mit Vitamin- und Mineralstoffmischungen ist eine gute Deckung des Vitamin- und Mineralstoffhaushalts zu erreichen.

Fettlösliche Vitamine (Tabelle 2)

Fettlösliche Vitamine können nur mit Hilfe von Fetten vom Körper aufgenommen werden. Grundsätzlich tritt immer ein Mangel dieser Vitamine ein, wenn die Resorptionsfähigkeit für Fette in der Darmschleimhaut gestört ist. Außerdem sollte man wissen, daß bei allen fettlöslichen Vitaminen die Gefahr der Hypervitaminose besteht. Mit anderen Worten: Bei der Überdosierung fettlöslicher Vitamine kommt es zu Erkrankungen, während bei den wasserlöslichen Vitaminen ein eventueller Überschuß im allgemeinen problemlos wieder vom Körper ausgeschieden werden kann. Fettlösliche Vitamine sind in Apotheken in Form pflanzlicher Öle (Fette) erhältlich. Diese Präparate können direkt mit dem Trockenfutter vermischt werden.

Vitamin A1 und A2 sind in Rinderleber und Eiern enthalten. Vitamine des D-Komplexes sind in Eiern und Lebertran enthalten (Lebertran wird auch heute oft noch aus Walfleisch hergestellt und sollte dann aus Gründen des Artenschutzes auf keinen Fall gekauft oder verwendet werden). Vitamine des E-Komplexes sind besonders in Erbsen, Rinderleber und Eiern enthalten. Vitamin K1 und K2 sind in Spinat reichlich enthalten. Das Teichwasser mit Vitaminen anzureichern ist wenig sinnvoll, da die meisten Vitamine durch Säuren oder Basen zerstört werden. Auch UV-Licht oder die Anwesenheit von Metallionen verändern die Vitamine innerhalb kürzester Zeit. Vitaminmischungen, wie Vitakalk der Firma Marienfelde oder Vitazon für Tiere der Firma Coopers Tierarzneimittel GmbH, decken den Vitaminbedarf der Koi ausreichend, wenn Sie 10 g Vitakalk oder 0, 6 g Vitazon unter 1 kg Trockenfutter mischen. Das Abbinden der Vitamine mit dem Trockenfutter erreichen Sie durch das Vermischen der Vitamine mit einem Eßlöffel Pflanzenöl.

Die Antivitamine

Neben den Vitaminen sind in jüngster Zeit auch Stoffe bekannt, die den Stoffwechsel der Fische blockieren und so von gegenteiliger Wirkung sind. Diese Antivitamine sind besonders in Antibiotika enthalten. Für den Fischkörper sind diese chemischen Stoffe nicht von den Vitaminen zu unterscheiden, da sie ihnen im organischen Aufbau und in der chemischen Ladungszahl gleichen. Sie werden bei der Verdauung statt der Vitamine eingesetzt, allerdings ohne deren Wirkung zu erzielen. Besonders nach antibiotischen Therapien mit Nitrofuranen oder Sulfonamiden sind diese Auswirkungen bekannt. Bei ihrer Anwendung sind Mangelerscheinungen im Folsäurehaushalt der Fische zu erwarten. Die Resorptionsfähigkeit der Schleimhaut nimmt rapide ab und eine ausreichende Vitaminversorgung ist nicht mehr gewährleistet.

Der Teich
Die Grundanforderungen an einen Koiteich

DER TEICH

Für die Koihaltung ist ein Teich mit einer Mindesttiefe von 1,5 m Tiefe und einem Wasservolumen von mindestens 20 Kubikmeter erforderlich. Das Volumen der Filteranlage sollte 10 % des Teichvolumens betragen und die Pumpe muß den Teichinhalt in 2 Stunden einmal durch die Filteranlage pumpen. Die Form des Teichs muß gewährleisten, daß sich das Wasser in einer ständigen Zirkulation befindet. Dies ist aus mehreren Gründen erforderlich. Einerseits werden hierdurch alle Bereiche des Teichs optimal mit sauerstoffhaltigem Wasser durchströmt. Andererseits können sich keine Abschnitte mit stagnierendem Wasser bilden in denen sich die Wasserqualität verschlechtert. Ein weiterer Vorteil einer leichten Wasserzirkulation ist darin zu sehen, daß der zu Boden sinkende Schmutz aus allen Teilen des Teichs zu den Bodenabläufen transportiert wird. Von den Bodenabläufen wird das Wasser vom Teichboden abgesaugt und über Rohrleitungen in das Filtersystem eingeleitet.

Auf eine Bauanleitung für einen Koiteich wird hier bewußt verzichtet. Solche Teiche sind ohnehin immer individuelle Anfertigungen, deren Größe, Form und Aufbau ganz wesentlich von der sie umgebenden Gartenlandschaft mitgeprägt werden. Da ein solcher Teich darüber hinaus immer mit Kosten von mehreren hundert bis mehreren tausend Mark verbunden ist (je nach Eigenleistung), sollte man sich vor einem solchen Bauvorhaben von verschiedenen spezialisierten Firmen Bau- und Kostenvoranschläge einholen und dann den geeignetsten Vorschlag verwirklichen.

Auf die Filtertechnik wurde schon früher ausführlich eingegangen. An dieser Stelle sollte nur noch ergänzend erwähnt werden, daß man die Wirksamkeit eines Filtersystems durch die Ausnützung des Windes ganz erheblich unterstüzen kann.

In natürlichen stehenden Gewässern ist allein der Wind und die mit der Erwärmung des Wassers verbundene Thermik innerhalb des Wasserkörpers für die Wasserumwälzung verantwortlich. Wenn man das komplementär zur Hauptwindrichtung angelegte Teichufer (also z. B. das Ostufer des Teiches, falls der Wind hauptsächlich aus Westen kommt) als flaches Ufer mit einem relativ geringen Gefälle anlegt, so unterstützt man ganz wesentlich die gleichmäßige Durchmischung des Teichwassers zum Wohle unserer Pfleglinge.

Ansonsten gilt für den Koiteich das gleiche, wie für alle Gartenteiche: Eine übermäßige Besonnung sollte vermieden werden. Günstig sind Vormittags- und Nachmittagsonne. Ebenso ist zu beachten, daß ein zu starker Laubeintrag im Herbst vermieden wird. Oft wird auch der Blüteneintrag durch Blühgehölze unterschätzt. Bei Teichen mit senkrechten Wänden ist der Kinderschutz ebenso zu beachten, wie das Anbringen von Ausstiegsbrettchen für eventuell ins Wasser gefallene Kleinsäuger.

In Vorbereitung befindet sich ein Special „Mein dekorativer Gartenteich". In diesem Ratgeber wird das Anlegen eines Gartenteiches detailiert von A–Z beschrieben, unterstützt von vielen Zeichnungen, Fotos und dem obligatorischen Poster.

DIE FARBVARIANTEN UND IHRE URSPRÜNGE

In diesem Kapitel werden die wichtigsten Farbvarianten vorgestellt. Viele dieser Varianten starten bei Wettbewerben in eigenen Kategorien. Zum Teil werden auch mehrere Varianten in einer Bewertungsklasse zusammengefaßt. In den folgenden Abschnitten sind die einzelnen Kategorien mit den jeweiligen Farbvarianten dargestellt. Vor dieser Klassifizierung werden die grundsätzlichen Qualitätskriterien erläutert, die für alle Koi Gültigkeit besitzen.

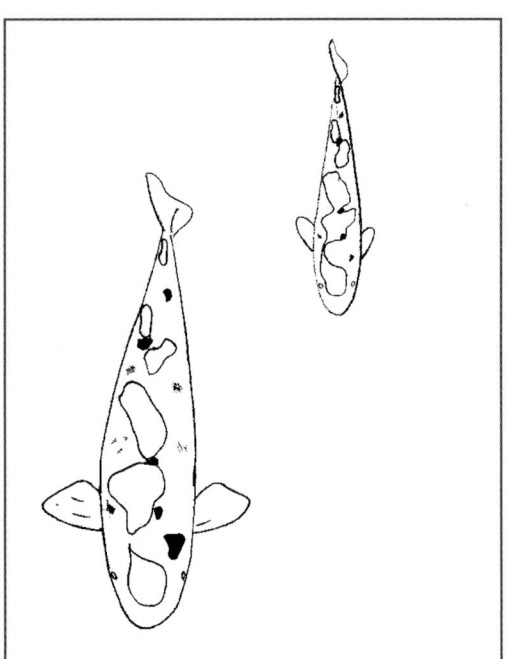

Die Skizze verdeutlicht, wie sich die Färbung eines Koi (hier: Sanke) altersabhängig verändern kann. Dargestellt ist ein und das selbe Tier, oben mit 20 cm, unten mit 40 cm Länge.

Zeichnung:
Archiv Bachmann

Koi
Qualitätskriterien

ALLGEMEINE QUALITÄTSKRITERIEN DER KÖRPERFORM UND FÄRBUNG

Die Körperform und das Erscheinungsbild eines Koi sind die wichtigsten Qualitätskriterien. Sie sind noch wichtiger als die Färbung des Koi. Bei Wettbewerben ist die Körperform mit etwa 40%, die Ausstrahlung mit 20%, die Farbverteilung ebenfalls mit 20% und die Hautbeschaffenheit mit 10% am Ergebnis beteiligt. Der Körper eines Koi sollte sehr voluminös sein. Besonderes Augenmerk ist dabei auf eine breite Kopfform zu richten. Auch der Schwanzstiel sollte breit und kraftvoll wirken. Die Größe des Mauls ist ebenfalls entscheidend. Die Begründung hierfür ist einfach:
Ein Koi mit einem breiten Maul kann als gerade geschlüpfter Jungfisch mehr Nahrung

fressen als seine gleich alten Geschwister. Dieser Vorteil ist bei der Aufnahme begrenzter Mengen an Trockenfutter, das auf die Wasseroberfläche gestreut wird, noch größer und ermöglicht ein sehr starkes Wachstum von Jugend an.

Kofferkopf

Dem Übergang vom Kopf zum Körper der Koi ist große Aufmerksamkeit zu schenken. Hier zeigen sich des öfteren Qualitätsmängel, da es sehr leicht zu Deformationen kommen kann. Ist der Übergang nicht flach und eben, sondern wirft sich hinter der knochigen Schädelplatte ein besonders starker, an einen Stiernacken erinnernder Fettwulst auf, so ist dies

Koi

Qualitätskriterien

oft ein Zeichen für eine falsche Neigung des Kopfs im Verhältnis zum Körper. Ist der Kopf zum Maul hin nach oben geneigt, so schneidet die Einbuchtung am Ende der Kiemen die Schädelplatte zu stark in die Muskulatur der Schulterpartie ein, so daß sich ein Wulst bildet. Auch darf der Kopf der Fische von oben betrachtet keine Einbuchtungen am hinteren Ende der Kiemendeckel aufweisen, sondern muß gerade in die Gesamtform übergehen. Im Bereich der Kiemendeckel kann es zu einer weiteren oftmals unbemerkten Deformation der sogenannten Kofferkopf-Bildung kommen. Hierbei ist der untere Rand der Kiemendeckel stark abgeflacht und wulstartig verdickt, so daß der gesamte Kopf kantiger wird. Eine weitere Anomalie ist die Kiemenverkürzung. Dieses unschöne Fehlen des hinteren Kiemenab-

schnitts ist nur sehr selten bei japanischen Koi zu beobachten und auch nur bei Jungfischen unter 15 cm. Bei größeren Fischen sind diese deformierten Tiere bereits aussortiert. Im Bereich des Mauls können die filigranen Ober- und Unterlippenknöchelchen bei unsachgemäßer Hälterung leicht brechen und deformiert verwachsen. Dies ist häufig bei Tieren zu beobachten, die in Aquarien gehalten wurden. Da die Aquarienscheiben rechtwinklig zusammenlaufen und sich in den Ecken des öfteren nach der Fütterung Nahrung ansammelt, versuchen die kleinen Koi, vom Futterneid getrieben, diese Nahrung zu ergattern. Dabei drängen sie mit ihrem Maul in die engen Ecken des Aquariums und verletzen ihre empfindlichen Maulknochen. Der Kopf der Fische kann bereits im Larvenstadium eine leichte Verkrüm-

Koi
Qualitätskriterien

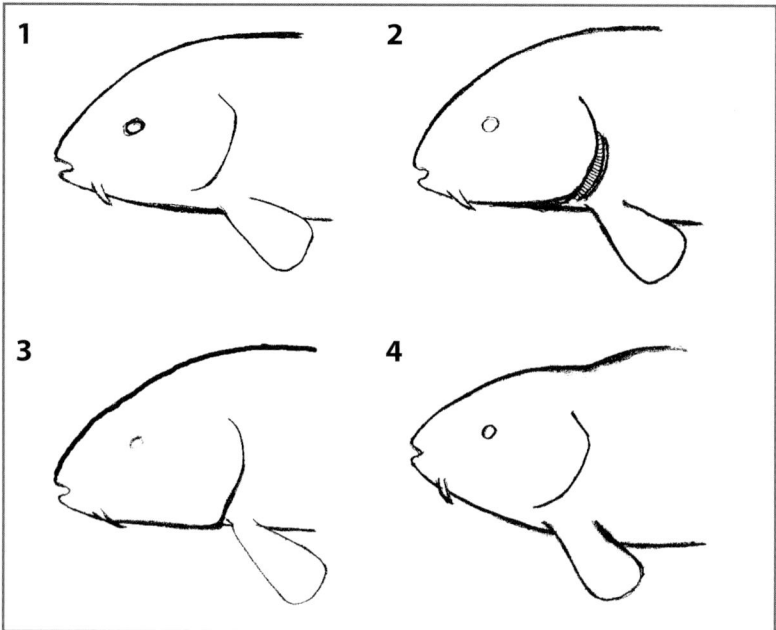

Die Skizzen veranschaulichen:
den idealen Kopf eines Koi (1), einen Kopf mit Kiemenverkürzung (2), einen sogenannten Kofferkopf (3) und einen Fisch mit Wulstbildung (4).

Skizzen: H. Bachmann

mung aufweisen, die erst beim halbwüchsigen Fisch zu erkennen ist. Je größer der Koi wird, um so gravierender wirkt sich diese Fehlbildung aus. Eine makellose Körperform zu beschreiben, ist nicht einfach. Zunächst werden daher eindeutige Fehlstellungen im Bereich des Körpers erklärt, um darauf aufbauend, die ideale Körperform zu beschreiben.

Koi mit einer angeborenen Verkrümmung des Rückgrats werden in der Regel aussortiert. Allerdings besteht die Möglichkeit, daß dieser Makel so schwach ausgebildet ist, daß er erst mit dem Heranwachsen sichtbar wird. Eine solche Fehlbildung ist relativ schwer auszumachen, wenn der Fisch auf beengtem Raum schwimmt. Daher sollte man sich beim Kauf die nötige Zeit nehmen und den Schwimmstil des Koi genau beobachten. In sehr seltenen Fällen kann es bei großen Fischen während eines längeren Transports zu einer Sauerstoffunterversorgung des Muskelgewebes im Bereich des Rückens kommen. Diese Schädigung führt zu einer eckigen, an drohende Haie erinnernde, Schwimmweise. Im Bereich des Bauchs kann es im Alter zur Bildung eines sogenannten Doppelbauchs kommen. Darunter versteht man die Ausbildung von zwei Wölbungen, so daß der Bauch etwa in der Mitte des Fischs eine leichte Einbuchtung aufweist. Diese ist nur wahrnehmbar, wenn man den Koi direkt von oben betrachtet. Selbst sehr weit fortgeschrittene Koiliebhaber erkennen solche Feinheiten oft nur, wenn sie einmal darauf aufmerksam gemacht wurden. Diese Form-

veränderung tritt bei vielen Tieren im Alter auf. Dieser leichte Makel wird jedoch von ihrer imponierenden Größe und eleganteren Schwimmweise ausgeglichen. Mit zunehmendem Alter ist auch der Kopf und damit der Gesichtsausdruck der Koi Veränderungen unterworfen. Die Augen treten stärker hervor, die Wangenpartie wird kantiger und der gesamte Kopf verwandelt sich zu einem Gesicht mit Nase, Backen und großen Augen.

Ausgleichend hierzu verändert sich der Bewegungsablauf der Fische. So gleitet ein Koi mit 14 Jahren viel ruhiger und eleganter durchs Wasser als er dies, bereits ausgewachsen, mit 10 Jahren vermochte. Die Tiere lernen, sich viel ruhiger und energiesparender zu bewegen. Diese friedlichen Riesen wirken sehr beruhigend auf den Betrachter. Bei Koi, die in wärmeren Regionen gezüchtet oder aufgezogen wurden ist sehr häufig, bedingt durch das schnelle Wachstum, eine Formveränderung in der hinteren Körperpartie zu erkennen. Bei zu warmer Hälterung kommt es unweigerlich zur Bildung eines sehr voluminösen Bauchs, der sehr abrupt mit der Afteröffnung endet und an den sich ein proportional zu schlanker Schwanzstiel anschließt.

Nach der Beschreibung dieser möglichen Deformationen wird nachfolgend der abstrakte Begriff einer idealen Körperform beschrieben. Spitzentiere sind in der Regel sehr groß und besitzen ein voluminöses Erscheinungsbild. Aus diesem Grund sind weibliche Tiere begehrter, da diese größer, schwerer und breiter werden. In jüngster Zeit ist es durch intensive Zuchtversuche gelungen, die Körperform der Männchen an die der Weibchen anzunähern. Die idealste Körperform aller Koi-Varianten besitzen die sehr großwüchsigen ursprünglichen Chagoi. Ihre massige und plumpe Körperform stellt im Verhältnis zur Symmetrie ihrer lang gestreckten Körper und Köpfe ein ausgewogenes und harmonisches Gesamtbild dar. Jungfische sollten eine gedrungene, kompakte Körperform aufweisen, die sie als schnellwüchsige Fische auszeichnet, mit dem Potential, sehr groß zu werden. Großwüchsige, breit wirkende Jungfische kann man in Bezug auf ihr Wachstum als Tategoi bezeichnen. Es ist selbst für einen Fachmann nicht einfach zu unterscheiden, ob ein Jungfisch sehr jung und breit und damit groß für sein Alter ist, oder ob dieser kompakt wirkende, relativ alte Fisch aufgrund seiner zurückgebliebenen Größe so wirkt.

Koi

Die Varianten

Mit viel Übung und Erfahrung ist der Unterschied festzustellen. Der schnellwüchsige Fisch wirkt harmonisch und ausgewogen kompakt, zugleich aber spindelförmig angelegt. Der zurückgebliebene Fisch wirkt leicht verwachsen, zwergenwüchsig. Beim ausgewachsenen Fisch braucht man über die zu erreichende Größe nicht mehr zu spekulieren. Er sollte sich durch eine bullige, breit abgeflachte Schädelplatte auszeichnen. Das Erscheinungsbild eines Koi ist um so eindrucksvoller, je größer der Kopf im Verhältnis zum Körper erscheint. Dies ist insbesondere dann der Fall, wenn die Linie zwischen Ende des Kiemendeckels und des Auges möglichst lang ist und zugleich diese Linien auf beiden Längsseiten des Kopfs möglichst weit parallel verlaufen.

Betrachten Sie einmal die Körperform eines gut genährten großen Chagoi. Dessen Körperform kann auf alle Varianten übertragen als Ideal verstanden werden. Allgemein ist bei allen Varianten eine gleichmäßige und intensive Färbung wichtig. Es ist auf eine Zeichnung zu achten, die sich klar von der Grundfärbung abhebt und sich wie eine geschlossene Decke über die Schuppen legt. Dabei ist eine exakte Abgrenzung (Kiwa) der einzelnen Farben zueinander erwünscht. Die Zeichnung muß, um ausgewogen zu wirken, sich gleichmäßig über beide Körperhälften erstrecken und sich über die Gesamtlänge ausdehnen. Damit die Größe eines Koi gut zur Wirkung kommt, ist es vorteilhaft, wenn vor der Schwanzflosse ein kurzes helles Feld liegt, das auch über dunklem Grund gut sichtbar ist. Das letzte zeichnungsbildende Element sollte zwischen dem Ende der Rückenflosse und dieser weißen Zone zu liegen kommen. Beim Kauf eines Jungfischs sollte man sich stets vergegenwärtigen, daß sich die Zeichnung im Verhältnis zum Wachstum unterproportional verhält.

Zum besseren Verständnis: Ein Koi zeigt mit zunehmendem Wachstum immer mehr von seiner Körpergrundfarbe, da die Zeichnung aufreißt und in der Ausdehnung zurück bleibt. Während starker Wachstumsphasen kann das Kiwa verwaschen wirken, da in dieser Zeit die Flecken gleiten. In Ruhephasen klärt sich das Muster wieder auf. Nach unten abgleitende Zeichnungselemente, die sich von der Hauptzeichnung gelöst haben und Richtung Bauch driften, entsprechen nicht dem Ideal. Vor allem bei Jungfischen, deren Zeichnung nach unten nicht abgerundet ist, besteht die Gefahr, daß

die Zeichnung aufreißt und einzelne Keile abtreiben. Durchgehend gezeichnete Kiemendeckel werden auch als negativ bewertet. Ihre kompakte, massiv erscheinende Färbung stört in der Regel das Gesamtbild der übrigen Zeichnung. Einschlüsse der Körpergrundfarbe in der Zeichnung wirken meist sehr unruhig und sind deshalb unerwünscht. Insbesondere bei zweifarbigen Varianten empfindet man diese sogenannten Fenster als sehr störend. Bei Jungfischen ist die Schädelplatte noch sehr dünn, so daß das Gehirn durchschimmert, das sich als eine Art graues Quadrat zeigt. Mit dem Heranwachsen verliert sich dieser Eindruck, da sich die Schädeldecke verdickt und die Hirnmasse nicht mehr sichtbar ist. Bei allen Varianten mit platinfarbenem Grund kann es auf dem Kopf zur Bildung kleiner silberner Flecke kommen. Diese werden durch eine Pigmentüberlagerung gebildet. Dieser Makel verliert sich spätestens im Alter von zwei Jahren.

Auch die Hautbeschaffenheit hat einen Einfluß auf den Gesamteindruck. Die Haut muß die Farbtiefe unterstützen und ihr einen seidigen Glanz verleihen, so daß der Koi wie mit Klarlack überzogen aussieht. Leider verliert sich diese Hautqualität häufig mit zunehmendem Alter. In seltenen Fällen behalten auch Jumbo Koi diesen Glanz bis ins hohe Alter.

DIE VARIANTEN

Kohaku

Koi mit weißer Körpergrundfarbe und roter, als abgerundete Flecken aufliegender Zeichnung. Der Kohaku gilt nicht nur in Japan als die edelste aller Farbvarianten. Daß diese Feststellung bei vielen Neueinsteigern auf Unverständnis trifft, ist nachzuvollziehen, da Kohaku ganz einfache, zweifarbige Koi sind. Doch gerade diese Einfachheit macht seine Ausstrahlung und Eleganz aus. Je mehr Koi man sieht und um so mehr Vergleiche man heranziehen kann, desto besser versteht man das Wesen von Koi. Und hier beginnt es, dieses unbeschreibliche Gefühl, das eine Mischung aus Neugierde und Begeisterung darstellt, und eine Menge Fragen aufwirft, wie zum Beispiel: Warum ist der Kohaku die edelste aller Koivarianten? Diese Frage beantwortet sich irgendwann von selbst. Man sollte sie nicht zum Ziel erklären, sondern seinen eigenen

Die Varianten

Ein Kohaku …

Schuppen zu erkennen sein. Das Rot legt sich wie eine Decke über den Untergrund und läßt dessen Struktur nicht mehr erkennen. Die Rottöne der einzelnen Blutlinien variieren in der Jugend der Kohaku stark. Mit dem Heranwachsen entwickeln sie sich bei Außenhälterung und der entsprechenden Blutlinie zu einem intensiv gefärbten Blaurot. Die Zeichnungselemente sollten nicht bis in die Flossen hineinfließen, so daß die Flossen der Kohaku keinerlei Rotzeichnung aufweisen. Bei traditionellen Mustern darf das Rot weder die Augen noch den Kiemendeckel überlagern. Oftmals liest man in der Fachliteratur, daß der letzte Fleck der Zeichnung 2,5 cm vor der Schwanzflosse enden muß. Dies ist jedoch eine Forderung, die man an einen erwachsenen Fisch stellt. Bei einem jungen Fisch von 2–3 Jahren, der eine Größe zwischen 32 und 45 cm erreicht hat, muß der Abstand wesentlich geringer sein, da die Ausdehnung der Rotfärbung nur begrenzt dem schnellen Wachstum hochwertiger Koi standhält. In diesem Alter ist ein abschließen mit der Schwanzflosse vorteilhafter als ein Abstand von 2,5 cm, da sich dieser in den nächsten Jahren mit Sicherheit vergrößern wird.

Diese Regeln sieht man in der modernen Koibewertung nur noch als Hilfsmittel an. Die eigentliche Spannung und Ausstrahlung eines Koi läßt sich nicht vermessen. Sie vermitteln aber gute Anhaltspunkte, um zu verstehen, warum ein Koi mehr Spannung besitzt als ein anderer. Obwohl man bei jedem Koi aufs neue abwägen muß, inwiefern die Regeln angewandt werden können, macht jede Regel für sich genommen dennoch Sinn. So bringt der letzte rote Fleck 2,5 cm vor der Schwanzflosse bei einem dreistufigen Kohaku einen Großteil der Spannung, während ein Inazuma Kohaku (blitzförmige, zusammenhängende Zeichnung) ohne diesen Fleck besser wirkt. Ein weiteres Kriterium sind sogenannte Fenster. Darunter versteht man den Einschluß der Körpergrundfarbe in der aufliegenden Zeichnung. Weist ein Koi ein solches Fenster auf vermindert dies die Wirkung auf den Betrachter. Die Farbe der Augeniris traditioneller Kohaku Linien ist weiß mit schwarzer Umrandung. Bei Tieren mit blauer Iris handelt es sich um Kohaku, in die eine Sanke Blutlinie eingekreuzt wurde, um das Größenwachstum zu verbessern. Die Kopfform ist ein weiteres Merkmal. Die ist beim Kohaku abgerundet und stumpf, während sie beim Sanke zu einer Art

Weg beschreiten, der allzu oft von Utsuri (zweifarbig) über Showa (dreifarbig) hin zu Sanke (dreifarbig) führt und schließlich beim Kohaku endet.

Als Kohaku bezeichnet man einen Koi mit weißer Körpergrundfarbe, auf der eine kräftige Rotzeichnung liegt. Eine scharfe Abgrenzung der roten Zeichnung ist eines der allgemeinen Qualitätsmerkmale. Dies zu beurteilen, ist jedoch meist erst bei ausgewachsenen Koi möglich. Ist der Koi im Wachstum, so verschieben sich manche Flecken noch erheblich, andere reißen auf oder trennen sich voneinander. Die Kanten und Risse dieser „gleitenden" Zeichnung zeigen oftmals verwaschene Farbübergänge, die sich erst bei einem Wachstumsstop oder einer Ruhephase aufklären. Ein weiteres Qualitätsmerkmal stellt die Beschaffenheit der Haut dar. Sie sollte rein weiß sein und dabei die Regelmäßigkeit der Schuppung hervorheben, so daß jede einzelne Schuppe dreidimensional erscheint. In ihrer Gesamtheit sollen die weißen Schuppenpartien an die Oberfläche eines Golfballs erinnern. Bei hochwertigen Kohaku sind die roten Felder einheitlich gefärbt, wobei der farbliche Übergang vom Kopfrot zum Rot der Schulter nicht oder kaum variiert. In den roten Zonen sollten keine

Nasenbildung neigt und insgesamt spitzer wirkt. Hasegawa aus Ojiya ist einer der bekanntesten Kohaku Züchter.

Seine Fische zeichnen sich durch einen sehr massigen Körperbau aus, wobei der Kopf sehr gedrungen wirkt. Die Rotverteilung seiner Blutlinie variiert je nach Verpaarung von streng traditionellen Zeichnungen (Nidan, Sandan, Yondan) über sehr interessante Maruten Kohaku, bis hin zu modernen sehr spannend gezeichneten Tieren. Weitere sehr erfolgreiche Kohaku Züchter sind z.B. Dainichi, Miatorra und Daiwa.

Sanke

Taisho Sanshoku

Sanke, Kohaku und Showa werden als Go Sanke-Varianten bezeichnet. Die filigrane Zeichnung des Sanke unterscheidet ihn vom Showa mit dessen massiven Schwarz und vom Kohaku, bei dem die dritte Farbe völlig fehlt. In der Beliebtheitsskala der Japaner nimmt er hinter dem Kohaku den Platz zwei ein. Seine Zucht ist schwierig, doch ihm kommen die Spurenelemente der lehmhaltigen Talböden in der Gegend von Ojiya zu gute. In neuester Zeit versuchen viele Züchter, eigene Blutlinien, basierend auf den alten Zuchtstämmen, zu kreieren. Der Sanke, früher als Taisho Sanke oder Taisho Sanshoku bezeichnet, ist ein Koi mit weißer Körpergrundfarbe. Die rote, oben aufliegende Zeichnung soll wie bei einem Kohaku verteilt sein und keinerlei helle Fenster oder weiße Farbeinschlüsse aufweisen. Sie muß am Kopf des Sanke beginnen und sich über dessen gesamten Körper verteilen. Der Kopf sollte bei modernen Tieren einen roten Haken, oder ein „y" aufweisen, das die Spannung der Farbverteilung unterstreicht. Eine Zweiteilung des Kopfs in eine rot abgesetzte und eine weiße Seite sind bei guter Verteilung ebenfalls Indiz für eine sehr moderne Zuchtlinie. Die traditionelle Sankezeichnung besitzt die gleiche rote Farbverteilung, wie sie auch bei traditionellen Kohaku zu finden ist. Traditionelle Muster beginnen möglichst rund und symmetrisch zwischen den Augen und erstrecken sich in einer zwei, drei oder mehrstufigen Zeichnung über den gesamten Körper. Die Rotzeichnung des Sanke sollte von intensiver gleichmäßiger Tiefe sein und sich nicht über die Seitenlinie der Fische

...und ein Sanke. Die beiden Varianten unterscheiden sich dadurch, daß dem Kohaku jeglicher Schwarzanteil in der Zeichnung fehlt.

Photo: J. Dingeldein

erstrecken,. Ebenso sollte sie nicht in die Flossen der Fische hineinragen. Die Schwarzfärbung und ihre Verteilung ist stark abhängig von der Zuchtlinie. Bei Fischen von Miatorra, einem der bekanntesten Sanke Züchter, befindet sich die Schwarzzeichnung fast ausschließlich auf der weißen Körpergrundfarbe. Bei jungen Sanke von Miatorra liegen die schwarzen Flecken manchmal noch in der Randzone der roten Zeichnung. In den allermeisten Fällen reißt die Rotfärbung auf und gibt die schwarze Zeichnung frei, so daß sie beim erwachsenen Fisch auf dem weißen Untergrund zu liegen kommt. Diese Art der Schwarzfärbung auf weißem Untergrund nennt man Tsubo Sumi. Sie ist besonders bei Fischen der Zuchtlinien Miatorra und Matzunosuke anzutreffen. Schwarze Flecken auf roter Zeichnung wird als Kasane Sumi bezeichnet. Bei der Zuchtlinie Jinbei ist die schwarze Farbe in relativ großen Flecken sowohl auf der weißen Körpergrundfarbe als auch auf der roten Zeichnung der Sanke zu finden. Sie sind gleichmäßig über den gesamten Körper der Sanke verteilt. Die Schwarzverteilung ist sehr regelmäßig und nimmt keine Rücksicht auf den rot weißen Untergrund. Dies verleiht den Jinbei Sanke einen sehr dominanten Charakter. Ihre Farben besitzen im Vergleich zu Sanke ,die nur Tsubo Sumi aufweisen, ein eher maskulines Erscheinungsbild. Insgesamt ist jedoch der Sanke eher als feminine Variante innerhalb der Koi zu sehen. Für die Jinbei Blutlinie ist eine große Schwarzfleckung und im Verhältnis zu anderen Sanke Blutlinien relativ kleine Rotzeichnung charakteristisch. Dies verleiht den Fischen ein abstraktes, geklecktes Aussehen. Das rote Muster hebt sich durch seine blutrote Farbe sehr stark vom weißen Untergrund ab. Jinbei San züchtet moderne Sanke und Kindai Showa mit großem Erfolg. Diese Tiere zeichnen sich durch eine sehr große Spannung aus. Die Farbanlagen der einjährigen Jinbei Sanke sind für Laien wie auch für fortgeschrittene Koiliebhaber sehr schwer zu durchschauen. Sie sehen ziemlich unordentlich aus, ihre Farben verschwimmen und formieren sich erst mit dem Heranwachsen neu. Im Alter von 3 Jahren bilden sich kleine Sumi Flecken, Shimis genannt, die später wieder verschwinden. Dies ist eine besondere Eigenart der Jinbei Sanke.

Die Entwicklung eines Sanke einer Blutlinie mit Tsubo schwarz ist anhand dreier Zeichnungen beschrieben. Bei einjährigen Fischen liegen die schwarzen Farbanlagen meist noch im Verborgenen. Nur hier und da sind vereinzelt schwarze Pigmente zu erkennen. Wichtig hierbei ist deren Anordnung. Sie sollten zwischen den roten Zeichnungselementen liegen und in der Größe möglichst einheitlich sein. Die grauen Höfe der schwarzen Flecken sind schwarze Farbanlagen, die erst mit dem Wachstum der Fische unter der weißen Haut hervortreten. Am Rand der großflächigen roten Zeichnung sind keilförmige Risse zu erkennen. In manchen dieser Risse liegen schwarze Flecken, die den Eindruck erwecken, als lägen sie auf den Rotanteilen des Sanke. Im Verlauf des Wachstums reißen diese Felder auf. Die rote Zeichnung driftet auseinander und gibt die schwarze Fleckung frei. Bei der Auswahl der Jungtiere ist auf eine gleichmäßige Rotverteilung zu achten. Ähnlich der Kohaku Jungtiere sollten sie möglichst viel Rot aufweisen, da sich das Wachstum der roten Zeichnung nicht gleich dem Längenwachstum verhält.

Die weißen Farbanteile nehmen prozentual zu. Der Sanke besitzt immer eine blaue Augeniris. Seine Kopfform ist spitzer als bei Kohaku oder Showa und neigt zu einer Art Nasenbildung. Die Flossenzeichnung der Sanke sollte aus höchstes drei schmalen Linien bestehen, die ihren Ursprung in der Flossenbasis haben und sich idealerweise strahlenförmig bis zum Flossenrand fortsetzen. Es sollten eher weniger als zu viele Streifen auf den Brustflossen zu finden sein. Ein völliges Fehlen ist bei modernen Tieren kein Mangel. Die übrigen Flossen dürfen wenige schwarze Linien aufweisen. Ihr Anteil sollte höchstens 15 % der Weißfärbung ausmachen, ansonsten wirken die Flossen zu schwer und massiv. Die Anzahl der Sanke die in einem Teich gepflegt werden, sollte für einen guten Gesamteindruck die Anzahl der Kohaku nie übersteigen und die Zahl der Showa immer überbieten. Ein Verhältnis von 5 Kohaku zu 3 Sanke zu 2 Showa ergibt ein harmonisches Bild. Die anderen Farbvarianten sollten in wenigen Exemplaren, je nach Größe des Teichs, den Eindruck der Go-Sanke unterstützen.

Showa

Showa Sanshoku

Der Showa zählt wie Kohaku und Sanke zu den Go Sanke-Varianten. Showa sind dreifarbige Koi mit einem sehr großen Schwarzanteil der die Körpergrundfarbe bildet. Seine großflächige Schwarzmusterung verleiht ihm eine sehr maskuline dominante Erscheinung.

Zum ersten Mal wurden Showa in Japans gleichnamiger Showa-Ära gezüchtet. Sie wurden im Jahr 1927 durch die Kreuzung von Ki Utsuri und Kohaku hervorgebracht. Heute existieren diese alten Blutlinien nur noch in stark abgewandelter Form. So versuchen die Züchter in der Talregion von Niigata den für sie ungeeignet hohen Schwarzanteil der ursprünglichen Showa gegen hohe Rot- und Weißanteile auszutauschen. Die Bodenbeschaffenheit der Täler kommt mit ihren Spurenelementen den Kohaku und Sanke Blutlinien, mit ihren hohen Rotanteilen sehr entgegen. Der sogenannte Kindai Showa mit seiner großflächigen Weißfärbung stammt meist von Züchtern der Ebene. Diese Variante gilt als modern und außerordentlich elegant. Die Entwicklung junger ein- bis zweijähriger Showa ist meist nur dann abzusehen, wenn man das Erscheinungsbild der Elterntiere kennt und die Farbausbildung der Jungfische schon einige Male verfolgen konnte. In den

Die Varianten

meisten Fällen breitet sich das Schwarz, welches bei Jungfischen nur ansatzweise zu erkennen ist, stark aus und verbreitet sich in Abhängigkeit der Blutlinie verschieden. Auch sind die roten Farbanlagen bei den Jungtieren einiger Blutlinien nur als wässrige orange Töne zu erkennen, die sich erst nach mehreren Jahren mit dem Heranwachsen der Koi ausfärben. Die Färbung der Brustflossen sollte wie bei einem Utsuri ein schwarzes Zentrum aufweisen, das sich bei manchen Showa auch erst im Alter von zwei bis drei Jahren ausbildet. Sowohl die Intensität und der Kontrast der Flossenfärbung als auch die Proportionierung von schwarz und weiß innerhalb der Flosse, erlauben bei einem sehr jungen Showa oder Utsuri Rückschlüsse über dessen Qualität und Herkunft. Eine Schwarzfärbung des Mauls und dessen Innenseite wird als besonders edel erachtet.

Bei der Zucht von Showa vererben die Elterntiere nur an 10 % ihrer Nachkommen die dreifarbige Zeichnung. Die Zucht der Variante Showa benötigt den wenigsten Platz, da schon drei Wochen nach dem Schlupf der Larven 90 % verworfen werden. Alle ein- und zweifarbigen Nachkommen, sowie Larven deren Wachstum unzureichend ist, werden ausgesetzt. Hervorragende Showa Züchter sind z. B. Sejuro, Torazo und Jinbei. Sejuro ist dabei der einzige Züchter, der sich auf die reine Showa Zucht spezialisiert hat.

Bekko

Shiro Bekko

Shiro Bekko sind Koi mit weißer Körpergrundfarbe und aufliegenden schwarzen Sumi-Flecken. Einen besonders edlen Eindruck vermitteln diese Fische, wenn die schwarze Zeichnung relativ weit hinten in Höhe des Rückenflossenansatzes beginnt und sich regelmäßig über den Hinterleib der Bekko verteilt. Die Flossen sollten wie beim Sanke nur wenige schwarze Linien aufweisen. Im Idealfall besitzen sie drei schwarze am Brustflossenansatz beginnende Linien, die sich gleichmäßig zum äußeren Rand fortsetzen. Die schwarzen Flecken sollten rund und kompakt sowie kontrastreich auf der schneeweißen Grundfarbe liegen. Ein Shiro Bekko ist meist ein Abkömmling einer Sanke Zucht, da diese Variante nicht als reine Blutlinie gezüchtet wird. Als eigent-

licher Sanke besitzt auch der Bekko eine blaue Augeniris und den spitzen Kopf seiner dreifarbigen Verwandten.

Ki Bekko

Das vor den eigentlichen Variantennamen gestellte Ki weist auf eine gelbe Körpergrundfarbe hin. Die darauf folgende Bezeichnung Bekko steht für die zweite Farbe Schwarz und deren Verteilung. Bei einem Ki Bekko handelt es sich demnach um einen Koi mit gelber Grundfärbung und schwarzer gefleckter Rückenzeichnung. Die zu beachtenden Aspekte bei der Schwarzverteilung sind die gleichen wie bei Shiro Bekko. Die Brustflossen sind in der Regel leider Weiß mit einer gelben Basis. Diese Koi sind mehr als selten.

Hi Bekko

Bei dieser Bekko-Variante handelt es sich um einen Koi mit roter Körpergrundfarbe. Die für die Schwarzverteilung aufgestellten Kriterien gelten auch für Hi Bekko. Die schwarze Zeichnung in den Brustflossen komt leider meist nicht auf einem roten, sondern auf einem weißen oder transparenten Untergrund zur Geltung.

Utsorimono

Shiro Utsuri

Das Wort Utsuri bedeutet ins deutsche übersetzt Spiegelung. Shiro Utsuri sind schwarze Koi mit weißer, sich der schwarzen Grundfarbe entgegengesetzt spiegelnder Zeichnung. Bei dieser Variante legt man besonderen Wert auf die scharfe Abgrenzung der Farben. Eine spannend gestaltete, den gesamten Körper gleichmäßig überziehende Zeichnung, ist bei dieser zweifarbigen Variante von besonderer Bedeutung. Die weißen Farbpartien sollten so weiß wie frisch gefallener Schnee erscheinen und das Schwarz sollte die Tiefe und den seidigen Glanz von chinesischem Lack aufweisen. Kleine schwarze Pigmentflecke, Shimis genannt, dürfen kaum vorhanden sein. Grau unterlegte Partien sind bei Jungfischen meist ein Zeichen für das baldige Aufbrechen der weißen Farbpartie. Die Kopfzeichnung sollte bei traditionellen Utsuri ein „y" oder einen schräg verlaufenden Blitz aufweisen. Die Schwarzfärbung darf bei jeder Utsuri Variante über die Seitenlinie herabreichen, da es sich hier um die Körpergrundfarbe handelt. Bei jungen Shiro sollte die Schwarzfärbung noch nicht so großflächig ausgebildet sein wie bei ausgewachsenen Exemplaren, da es sich hier um die Körpergrundfarbe handelt, die mit dem Heranwachsen zunimmt. Man beachte, daß sich bei fast allen Koi die Zeichnung nicht proportional zum Gesamtwachstum verhält. Die Zeichnung reißt auf und driftet an bestimmten, schon beim Jungfisch zu beobachtenden Schnittstellen auseinander.

In welchen Dimensionen solche Veränderungen ablaufen und bis zu welchem Alter, ist von Blutlinie zu Blutlinie verschieden. Ein erfahre-

Ein Doitsu Shiro Utsuri

Photo: J. Dingeldein

ner Koi-Händler kann Ihnen jedoch eine ungefähre Vorstellung von der zu erwartenden Entwicklung der Tiere vermitteln. Auch hier sollten Sie besser eine Frage mehr stellen als eine zu wenig. Die Zeichnung der Brustflossen läßt wie bei Showa bestimmte Rückschlüsse auf Qualität und Herkunft der Fische zu. Die Schwarzfärbung sollte an beiden Flossenbasen gleich groß ausgebildet sein.

Eine etwas großflächigere Brustflossenzeichnung ist besser als ein völliges Fehlen.

Symmetrisch gefärbte Brustflossenbasen, die 30 % Schwarzfärbung und 70 % Weißanteil aufweisen, wirken besonders elegant. In den übrigen Flossen sollte sich die Schwarzweiß-Aufteilung in etwa die Waage halten.

In den Bergen von Niigata gibt es nur sehr wenige gute Shiro Utsuri-Züchter. Besonders zu nennen ist hier Segi. Auch im Süden von Japan findet man sehr gute Züchter wie Sakai und Omosako aus Hiroshima.

Ki Utsuri

Die zitronengelbe Variante des Ki Utsuri ist in ihrer früherenQualität heute leider nicht mehr zu finden. In den achtziger Jahren war man der Ansicht, der Shiro Utsuri sei das höchste zu erreichende Ideal eines Utsuri. So konzentrierte man sich auf die Zucht dieser Variante mit der Konsequenz, daß die traditionellen Zuchtstämme der Ki und Hi Utsuri verschwanden. Heutige Spitzenfische in den Farbschlägen Ki und Hi Utsuri sind extrem selten. Das einstmals leuchtende Zitronengelb des Ki Utsuri ist bei keiner Variante ohne platinfarbenen Untergrund mehr zu finden.

Der frühere Ki Utsuri Typ wies oftmals schwarze Pigmentflecken in seiner gelben Zeichnung auf. Dieser Makel ist bei heutigen Ki Utsuri kaum noch anzutreffen. Die Brustflossen sind meist bis zum Flossenrand schwarz mit nach außen breiter werdenden gelben Stahlen. Bei der Entwicklung der schwarzen Körperpartien sind die gleichen Regeln zu beachten wie sie beim Shiro Utsuri beschrieben sind. Heutige Ki Utsuri entstammen keiner gefestigten Blutlinie; bleibt zu hoffen, daß sich bald ein Züchter ihrer annimmt.

Hi Utsuri

Ähnlich wie bei den Ki Utsuri verhält es sich auch bei den Hi Utsuri. Diese dunkelrote Utsuri-Variante sollte ein Kirschrot besitzen ohne störende Schwarzsprenkelung auf der roten Zeichnung. Die Unterseite der Fische darf kein Weiß haben, da es sich sonst um Hi Showa handelt. Bei den Brustflossen weicht auch diese Variante von den beim Shiro Utsuri geforderten schwarzen Flossenzentren ab. Hi Utsuri besitzen in der Regel schwarze Brustflossen, die nach außen rot aufreißen. Die mei-

Die Varianten

sten Fische die unter diesem Namen gehandelt werden besitzen heute einen orangeroten Farbton und nicht das Samtrot der ursprünglichen Variante. Die kirschrote Hi Utsuri-Variante ist fast vom Markt verschwunden und nur noch in Einzelfällen zu haben.

Koromo

Die Variante Koromo ist durch die Verpaarung von Asagi und Kohaku entstanden. Diese Kreuzung wird allerdings auch der nahe verwandten Variante Goshiki zugesprochen. Der Farbeffekt des Koromo soll aus Zuchtversuchen stammen, die Ende der vierziger Jahre von Matzunosuke unternommen wurden, um einen besonders dunklen Farbton einer Kohaku Linie zu erreichen. Tatsächlich ist unter der roten Färbung der Koromo ein dunkler Untergrund zu erkennen. Die Farbverteilung entspricht der des Kohaku. Die Färbung sollte auf dem Koi aufliegen und nicht bis unter die Flanken reichen.

Ai Goromo

Während eine einheitlich unterlegte blaurote Zeichnung auf dem beschuppten Körper des Ai Goromo angestrebt wird, darf das Kopfrot kaum Farbeinschlüsse oder Shimis aufweisen. Eine interessante leuchtend rote Kopfzeichnung in Form eines Blitzes oder einer Raute machen diese modernen Goromo zu einer Attraktion in jedem Koiteich. Bei der Auswahl kleiner Ai Goromo ist man besonders bei den alten Zuchtlinien auf das Können des Koi Händlers angewiesen, da viele Goromo ihre dunkle Untergrundfarbe erst mit zunehmender Größe zeigen. Miatorra, Hasegawa, Matsunosuke, Daiwa und Isa sind einige der bekanntesten Goromo-Züchter.

Sumi Goromo

Wird die blau unterlegte und dennoch leuchtend rot wirkende Zeichnung eines Ai Goromo durch ein einheitlicher wirkendes Weinrot ausgetauscht und die rote Kopfzeichnung ebenfalls mit einem dunklen gleichmäßig verteilten Schatten unterlegt, so spricht man von einem Sumi Goromo. Diese Farbvariante ist aufgrund ihrer schlichten Eleganz besonders gefragt.

Dieser Ai Goromo aus der Zucht von Daiwa ist etwa 55 cm groß.

Photo: F. Teigler / A.C.S.

Budo Goromo

Weiterhin unterscheidet man den Budo Goromo als selten auftretende Variante. Auf der schneeweißen Grundfarbe liegt das bordeauxfarbene, traubenbeerenförmige Zeichnungsmuster auf. Die bordeauxrote Färbung kommt dadurch zustande, daß das Sumi die rote Zeichnung überlagert. Bei Budo Goromo sind weiße Flossen ohne Zeichnung erwünscht. Durch Kreuzungsversuche entstanden Varianten wie Goromo-showa und Goromo-sanke. Diese Varianten vereinen das mit Schwarz unterlegte Rot und das kompakte schwere Schwarz eines Showa oder Sanke. Die Färbung der Brustflossen entspricht der jeweiligen Basisvariante.

Tancho

In die Gruppe der Tancho werden verschiedene Zuchtformen eingeordnet. Kohaku, Sanke, Showa, Goshiki, Kujaku, Asagi und Shusui fallen dann in diese Klassifikation, wenn sie auf dem Kopf einen roten Fleck besitzen, ohne eine weitere Rotzeichnung auf dem Körper zu tragen. Alle diese Varianten mit einem platinfarbenen Untergrund, einer Doitsu Beschuppung oder Glanzschuppen fallen auch in diese

Die Varianten

Wertungsgruppe, wenn sie einen Tancho-Fleck aufweisen. Bei allen Tancho-Varianten kommt es nicht nur auf eine möglichst intensive Färbung des roten Flecks an, sondern auch auf dessen Form. Diese kann von rautenförmig über oval bis hin zu einer U-Form ausgeprägt sein; die traditionelle Gestalt ist rund. Die Form darf variieren, seine Größe nicht. Er muß so groß wie möglich sein und zwischen den Augen, dem hinteren Ende der Schädeldecke und den Nasenöffnungen seine Ausdehnung finden.

Wie bei allen anderen Koi auch ist die Zeichnung nicht das wichtigste Bewertungsmerkmal, sondern die Körperform und die Hautbeschaffenheit sind von übergeordnetem Interesse. Insbesondere das leuchtende Weiß ist wichtig, da es den Untergrund für das Rot bildet. Die Sumi Flecken eines Sanke oder Showa sollten intensiv und kompakt gefärbt sein. Die Go Sanke-Varianten erfreuen sich größter Beliebtheit und werden auch am häufigsten gezüchtet.

Tancho Kohaku

Der rote Tancho Fleck steht in starkem Kontrast zu dem sonst zeichnungslosen Körper. Ein guter Tancho Kohaku besitzt einen dunkelroten Tancho-Fleck und einen schneeweißen Körper. Die Flossen sind wie bei jedem Kohaku ohne Zeichnug.

Tancho Sanke

Der Tancho Sanke hat wie jeder Sanke drei Farben, wobei sich das Rot auf den Tancho-Fleck beschränkt. Die Zeichnung des Körpers sind möglichst kompakte schwarze Flecken auf der schneeweißen Grundfärbung. Dabei ist es für das ästhetische Erscheinungsbild wichtig, daß die einzelnen Sumi-Flecken in ihrer Größe weitgehend einheitlich sind.

Nur kleine Sumi-Flecken ergeben ein genauso harmonisches Bild wie ausschließlich große Sumi-Flecken. Die Anzahl der Zeichnungselemente ist unerheblich. Sie sollten sich aber gleichmäßig über den Körper verteilen. Ein Tancho Sanke besitzt weiße Flossen bzw. weiße Flossen mit wenigen schwarzen Streifen.

Tancho Showa

Dieser dreifarbige Koi besitzt nur auf dem Kopf eine rote Zeichnung. Der restliche Körper hat nur eine weiße Zeichnung auf der schwarzen Grundfarbe. Die schwarze Farbe darf bei dieser Variante den roten Tancho-Fleck teilweise überlagern. An der Flossenbasis sollte sich wie bei jedem Showa eine Sumi Zeichnung (Motoguro) befinden.

Man spricht von einem Maruten-Fleck, wenn ein Koi neben einem roten Kopffleck noch weitere rote Zeichnungen auf dem Körper besitzt. Für den Maruten Fleck gelten die gleichen Regeln; sie werden hier nur nicht ganz so eng ausgelegt. Alle Koi mit einer Maruten-Zeichnung werden in ihrer ursprünglichen Variante gewertet. Die Varianten Tancho Asagi und Tancho Shusui müßten demnach als Maruten bezeichnet werden, da sie meist noch weitere Rotfärbung haben. Dennoch werden diese modernen Koi als Tancho bezeichnet und auch in dieser Klasse bewertet.

Asagi / Shusui

Asagi

Der Asagi ist die ursprünglichste aller Koi-Varianten. Ihre dezente hellblaue bis dunkelblaue Rückenbeschuppung im Kontrast zur leuchtend roten Bauchpartie macht den Reiz dieser Variante aus. Bei den verschiedenen Asagi-Zuchtstämmen und -Blutlinien sollten Sie besonders auf eine gleichmäßige Perlung der möglichst dunkelblauen Schuppung achten. Des weiteren sollten die dunkelblauen Schuppen auf einer schneeweißen Unterhaut angeordnet sein. Dies verstärkt die Ausdruckskraft der Netzzeichnung zusätzlich. Der Rotfärbung wird allgemein eine untergeordnete Rolle zugeschrieben. Sie kann auch völlig fehlen ohne daß dies einen Makel darstellt, wenn der Koi eine dunkle Netzzeichnung besitzt und diese einen eindrucksvollen Kontrast mit den weißen Flanken und dem Kopf des Fisches eingeht. Für den europäischen Geschmack sollte der Fisch die charakteristischen roten Flanken jedoch besitzen. Bei einer Koi-Ausstellung wollte man einen von mir importierten Asagi nicht zum Wettbewerb zulassen, da ihm die roten Flanken gänzlich fehlten. Das Benching Team glaubte nicht einmal, einen Asagi vor Augen zu haben. Der Aussteller des Koi wurde

Koi
Die Varianten

sehr unsicher und fragte mich, ob er den Fisch nicht lieber aus der Wertung streichen sollte, um sich nicht zu blamieren. Wir strichen diesen Fisch nicht, und so gewann er den ersten Platz in Asagi bis 35 cm.

Asagi mit einen cremeweißen Kopf sind sehr eindrucksvoll. Tiere mit schneeweißen Schädelplatten sind zur Zeit noch sehr selten. Der Kopf darf keine Shimis oder rote Sprenkel aufweisen. Die Wangenpartie kann, je nach der Größe des Flankenrots, eine rote Zeichnung aufweisen, welche sich sogar über die Lippen des Fischs erstrecken darf. Bei solchen Asagi mit sehr hohen Rotanteilen spricht man von Hi Asagi.

Das entscheidende Kriterium bleibt die blaue Perlung und eine gleichmäßig helle Schädelplatte. Bei sehr großen Exemplaren darf sich die Schädelplatte aufgrund der Größe grau färben, ohne daß dies den Wert mindert. Als herausragende Asagi Züchter sind z.B. Hosokai und Hoshino zu nennen.

Shusui

Bei der Variante des Shusui handelt es sich um Asagi mit Doitsu Beschuppung. Doitsu (gesprochen „doits") leitet sich von der deutschen Herkunft eingekreutzter Spiegelkarpfen ab. Aufgrund dieser Kreuzung sind Shusui nur zum Teil beschuppt.

Für die Qualität der Tiere ist einerseits die gleichmäßige Anordnung der großen Spiegelschuppen ausschlaggebend, andererseits die Intensität und Anordnung der roten Flanken. Die Spiegelschuppen verlaufen im Idealfall in exakten Reihen entlang der Rückenlinie. Der Kopf dieser Fische sollte rein weiß sein und keine störenden Shimis besitzen. Die Flanken müssen intensiv rot gefärbt sein, eventuell auftretende rote Ausläufer der Flanken sollten großflächig ausgebildet sein. Dies verleiht dem Shusui ein besonders spannendes Aussehen.

Solche unregelmäßig gezeichneten Shusui kann man durchaus als modern bezeichnen. Koi, deren Flanken besonders viele rote Einschlüsse aufweisen ,nennt man Hana Shusui. Ein Züchter, dessen Fische eine besonders interessante Zeichnung aufweisen, ist ohne Zweifel Jamago. Komplett dunkelrote Fische nennt man Hi Shusui.

Kinginrin

Dazu gehören Koi mit silbernen und goldenen Schuppen. Alle Varianten sind möglich: Von schwarz und weiß silbern, bis zu rot-golden glänzende Schuppen. Zu der Kinginrin Gruppe werden alle Koi gezählt, bei denen jede einzelne Schuppe einen silber-goldenen Spiegelglanz besitzt.

Es ist möglich, auf alle Koi-Varietäten Glanzschuppen aufzuzüchten. Diese Koi sind von ihrem Glanz her nicht zu verwechseln mit den Tieren der Hikari-Gruppen. Der Sammelbegriff Hikari umfaßt alle Koi mit platinfarbenem Untergrund, dazu zählen z.B. Gin Showa, Kujaku und Ogon. Bei diesen Varianten verteilt sich der metallische Glanz über den gesamten Körper und ist auf diese Weise Bestandteil der Körpergrundfarbe. Im Gegensatz hierzu weisen Koi der Kinginrin-Klasse einzeln erkennbare irisierende Schuppen auf. Um dieser Gruppe zugeordnet zu werden, muß ein Koi eine gleichmäßige, sich über die gesamte Zeichnung erstreckende, Kinginrin-Beschuppung haben. Wenige, nur vereinzelt schimmernde Glanzschuppen, können bei allen Varianten auftreten, werden hier jedoch als störend empfunden. Schuppen (Rin = Schuppe) der roten Zeichnung besitzen einen goldenen Glanz (Gin = Gold). Befinden sich die Schuppen in den weißen oder schwarzen Zeichnungselementen, so reflektieren sie das Licht silbern (Kin = Silber). Beim Kauf von Kinginrin-Fischen ist darauf zu achten, daß möglichst jede Schuppe einen regelmäßigen irisierenden Einschluß aufweist. Die Farbabgrenzung der Zeichnung ist ein weiteres Kriterium, dem man besondere Aufmerksamkeit schenken muß. Vor allem die Schwarzzeichnung der Tiere sollte eine scharfe Abgrenzung besitzen. In diesen schwarzen Farbzonen ist die regelmäßige Verteilung der silbernen Schuppen seltener gegeben. Bei Koi-Ausstellungen werden Kohaku, Sanke und Showa mit Glanzschuppen in der Kategorie A-Typ Kinginrin bewertet. Alle anderen Kinginrin Koi werden als B-Typ Kinginrin klassifiziert. Einer der bekanntesten Züchter ist Marusada.

Kawarimono

Kawarimono ist ein Sammelbegriff, wobei sich „Mono" auf die Einfarbigkeit der meisten Varianten bezieht. In diese Klassifikation fallen alle

Koi
Die Varianten

Ein sehr schöner, etwa 55 cm langer Kin Ki Utsuri aus der Zucht von Isa.

photo: F. Teigler / A.C.S.

nichtmetallicfarbenen Koi, die in keine der anderen Gruppen passen. Die Varianten Goshiki und Kumonryu werden auch dazugezählt, ebenfalls alle Kage Varianten. Diese drei zuletzt genannten Varianten sollten ausgegliedert und eigenständigen Klassen zugewiesen werden. Die am häufigsten anzutreffenden Vertreter der Kawarimono Gruppe sind :

Kigoi

Kigoi sind einfarbige wassergelbe Koi mit einheitlicher Körpergrundfarbe und roter Iris. Die Rotfärbung des Auges ist nicht zwingend, sie ist aber ein Qualitätsmerkmal. Bei dieser Variante sollten Sie beim Kauf darauf achten, daß der Koi keine orangenen Punkte oder Flecken aufweist. Eine fehlende Schuppe wirkt sich bei diesen einfarbigen Varianten als besonders störend aus. Achten Sie auch auf einen breit angelegten Körperbau und ein großes Maul, denn alle Kawarimono-Varianten sind besonders großwüchsig. Die Brustflossen sollten wie der gesamte Körper einheitlich gelb gefärbt sein. Verwechslungsmöglichkeiten mit dem Yamabuki Ogon sind nicht möglich, da diese einen platinglänzenden Untergrund besitzen.

Shiro Muji

Shiro Muji sind einfarbig weiße Koi. Achten Sie beim Kauf auf gleichmäßige Färbung und gute Körperform. Auch hier sind Tiere mit roter Iris besonders gefragt, aber auch extrem selten.

Aka Muji

Aka Muji sind nichtmetallicfarbene rote Koi mit weißen Flossenrändern. Sie sollten ein besonders kräftiges Blaurot aufweisen und frei von kleinen schwarzen Pigmentflecken (Shimis) sein.
Ein solcher einheitlich tiefrot gezeichneter Koi ist von erlesener Schönheit und hat mit einem großen Goldfisch keine Ähnlichkeit.

Goshiki

Goshiki bedeutet übersetzt fünffarbig. Diese fünf Farben sieht man den heutigen Goshiki Linien nur sehr selten auf Anhieb an. Es gibt keine andere Variante, die so viele verschiedene Farbausprägungen hervorgebracht hat, wie der Goshiki.
Es scheint, als hätte jeder Züchter unter einem Goshiki andere Vorstellungen. Man unterscheidet zwischen den schwarzen Goshiki (Black Typ), solchen mit hellgrauer Körpergrundfarbe, als auch zwischen Tieren mit weißem Bauch und schwarzer Rückenzeichnung. Doch nicht nur die Körpergrundfarbe ist variabel, auch die leuchtend rote Musterung variiert sehr stark von neonroter Zeichnung ohne schwarze Färbung der Schuppenränder bis hin zu stark umrandeten Schuppen, die eine Art rote Netzzeichnung darstellen. Schwarz umrandete, rote Flecken auf hellgrauem Untergrund sind möglich. Wem diese Auswahl nicht reicht, kann außerdem noch zwischen Gin Rin (Glanzschuppen) und Doitsu Beschuppung wählen. Bei dieser Variante ist erlaubt, was gefällt, besonders interessante Tiere sind sehr begehrt und leider auch sehr teuer.

Kumonryu

Der Kumonryu ist ein unbeschuppter schwarzweißer Koi. Bei der Variante Kumonryu setzt man kein Doitsu vor den eigentlichen Namen, da alle Fische dieser Variante unbeschuppt

Koi
Die Varianten

sind. Bei einem Kumonryu ist eine exakte schwarz-weiß Abgrenzung und eine gute Körperform entscheidend für die Qualität des Koi. Die Schwarzfärbung sollte entlang der Flanken verlaufen. Sie kann sich auch nach oben fortsetzen und auf dem Rücken der Fische verschmelzen.

Der Kumonryu ist eine sehr interessante Variante, die stark auf wechselnde Wasserbeschaffenheit und Temperatur in der Schwarz-Weißverteilung reagiert. Ein Jungfisch mit möglichst großen Weißanteilen ist stets vorzuziehen, da mit zunehmendem Alter die schwarzen Partien sehr stark an Größe gewinnen. Das Rückenmuster sollte symmetrisch in Längsrichtung der Fische verlaufen und einen ausgeglichenen Eindruck vermitteln. Kopf und Flossenränder müssen eine schneeweiße, klare Färbung aufweisen.

Ein Kumonryu aus der Zucht von Tondi. Das Tier ist etwa 40 cm lang

Photo: F. Teigler / A.C.S.

Magoi

Magoi ist die schwarzbraune Wildform des Koi. Aus diesem Fisch entstanden alle heutigen Varianten.

Chagoi

Chagoi sind teefarbene Koi mit hell- bis dunkelbraunem Schuppenkleid, das eine dunkle Netzzeichnung aufweist. Diese Netzzeichnung tritt unter optimalen Hälterungsbedingungen stärker hervor, was die Fische sehr edel und attraktiv erscheinen läßt. Die Intensität der Netzzeichnung kann als Indikator für Wasserqualität und Wohlbefinden herangezogen werden.

Der Chagoi ist sehr nah mit der Urform verwandt. Durch häufiges Einkreuzen sind diese Tiere nur in lockeren Blutlinien gebunden und besitzen so den großen Genpol der wildlebenden Tiere. Ihre Schnellwüchsigkeit und Zutraulichkeit machen sie zu einer Attraktion im Koiteich. Japanische Spitzenzüchter schauen bei Ausstellungen nach den Go Sanke-Varianten und nach Chagoi. Das Einkreuzen eines Chagoi in eine bestehende Blutlinie bedeutet im Nachfeld sehr viel Arbeit in Form von Rückkreuzungen, damit die entsprechende Blutlinie des Kohaku, Sanke oder Showa erhalten bleibt und der eingekreuzte Chagoi lediglich das Größenwachstum und die Körperform der Blutlinie beeinflußt. Diese Entscheidung

trifft ein Züchter nur einmal in seinem Leben. Daher ist größte Sorgfalt bei der Auswahl des Chagoi geboten und hieraus erklärt sich auch der hohe Preis eines solchen Ausnahme-Chagoi. Die Körperform der meisten Chagoi ist als ideal zu bezeichnen.

Soragoi

Soragoi sind eng mit dem Chagoi verwandt und besitzen ein ebenso gutes Größenwachstum. Der Soragoi ist ein graublauer einfarbiger Koi. Auch die Flossen sind von graublauer Farbe. Ein wichtiges Qualitätskriterium ist das Schuppenmuster, das klar zur Geltung kommen muß. Die Netzzeichnung ist wie beim Chagoi ein Indikator für das Wohlbefinden der Koi und der Wasserbeschaffenheit.

Ochibashigure

Der Ochibashigure vereint die blaugraue Grundfarbe des Soragoi mit einer braunen teefarbenen Zeichnung. Diese Koi entstanden aus der Kreuzung eines Soragoi mit einem Kohaku. Wörtlich übersetzt bedeutet Ochibashigure „Herbstblaub auf dem Wasser".

Die Varianten

Hajiro

Der Hajiro ist ein nichtmetallischer, einfarbig schwarzer Koi. Sein Erscheinungsbild wird von den auffälligen Flossen geprägt. Alle Flossen sind an der Basis schwarz und besitzen markante weiße Spitzen.

Hageshiro

Der Hageshiro weist im Gegensatz zum Hajiro nicht nur weiße Flossenspitzen, sondern zusätzlich einen weißen Kopf auf. Die Nase kann eine schwarze Pigmentierung besitzen. Diese Variante erscheint nur sehr selten im Handel.

Yotsushiro

Der Yotsushiro hat weiße Flossen, die in starkem Kontrast zu seiner schwarzen Körpergrundfarbe stehen. Die auffällige Zeichnung eines Yotsushiro besteht aus einer schneeweißen Kopfpartie die sich bis zum Ansatz der Rückenflosse erstrecken darf.

Karasugoi

Karasugoi sind schwarze Koi mit hell abgesetztem Bauch, der von rot über gelb bis hin zu weiß variieren kann. Das Schwarz muß die Tiefe und den Glanz von schwarzem, chinesischem Lack aufweisen. In Japan werden diese Fische zur Belustigung der Kinder im Teich gehalten. Durch ihre schwarze Farbe sind sie im Teich nur sehr schwer zu erkennen und erst bei der Fütterung brechen sie unvermittelt durch die Oberfläche und erschrecken die Kinder.

Midorigoi

Diese Koi sind einfarbig leuchtend grün, was besonders bei der Doitsu Form hervortritt. Auch die Flossen sind einheitlich grün. Midorigoi entstammen aus der Kreuzung eines männlichen Yamabuki Ogon mit einem weiblichen Shusui.
Früher war diese Variante sehr selten; heute werden sie häufiger gezüchtet und sind problemlos im Handel zu bekommen.

Matsuba

Matsuba sind einfarbige Koi, deren Körpergrundfarbe rot, gelb oder weiß sein kann. Jede Schuppe besitzt ein schwarzes Zentrum, so daß sich über dem Körper der Koi ein sogenanntes Pinienzapfenmuster erstreckt. Die Flossen der Fische besitzen den gleichen intensiven Ton wie die Körpergrundfarbe. Diese Koi treten auch mit Doitsu-Beschuppung auf. Dabei ist nur die auf der Rückenlinie vorhandene Schuppenreihe schwarz gefärbt. Bei allen Matsuba Varianten ist auf einen klaren, einheitlich gefärbten Kopf zu achten. Besitzen die Matsuba einen metallicfarbenen Untergrund, so werden sie nicht zu Kawarimono, sondern zu Hikarimono gezählt.

Aka Matsuba

Das ist ein Koi mit roter Körpergrundfarbe und einem schwarzen Zentrum in jeder Schuppe.

Ki Matsuba

Ki Matsuba sind gelbe Koi mit schwarzem Pinienzapfenmuster.

Shiro Matsuba

Dieser weiße Koi hat ein schwarzes Pinienzapfenmuster.

Kage

Unter Kage sind alle Fische zusammengefaßt, die ein graues, netzartiges Muster auf der Zeichnung, nicht jedoch auf der Körpergrundfarbe, aufliegen haben. Das Wort Kage bedeutet „Schatten" und wird wie Doitsu vor den eigentlichen Variantenstamm gesetzt:

Kage Showa/Kage Utsuri

Kage gibt es nur bei Showa und Utsuri-Varianten. Da diese Koi eine kompakte schwarze Grundfarbe aufweisen, wird diese durch das dezente, grauschwarze Kage Muster harmonisch ergänzt. Alle Varianten sollten eine klar erkennbare schwarze Schattierung aufweisen,

Die Varianten

die über das gesamte Muster verteilt ist. Allerdings überlagert sie beim Kage Showa die rote Zeichnung nicht, sondern nur das weiße Muster. Der Farbton des Kage Musters muß einheitlich wirken.

Kanoko

Koi, die der Variante Kanoko zugeordnet werden, zeichnen sich durch ein teilweise versprenkeltes Rot aus. Vor allem bei den Go Sanke-Varianten Kohaku, Sanke und Showa ist dieses Muster häufiger anzutreffen. Die Spannung dieser Zeichnung ist in der Verteilung kompakter roter, schwarzer und weißer Partien neben roten filigranen Tupfen auszumachen. Gute Kanoko Koi sind sehr selten.

Hikarimono

Hikari, der erste Teil des Wortes Hikarimono, findet immer dann Verwendung, wenn es sich um Koi handelt, deren Körpergrundfarbe ein metallisches Glänzen aufweist. Man spricht hierbei von einem Metallicuntergrund. Der zweite Teil Mono bezieht sich auf die Einfarbigkeit der in dieser Gruppe zusammengefaßten Varianten.

Yamabuki Ogon

Der Name Ogon steht für einen einfarbigen Koi mit metallischer Körpergrundfarbe. Bei Yamabuki Ogon ist es ein wassergelber Farbton auf platin-farbenem Untergrund. Die hellen Farbschläge des Yamabuki Ogon sind die traditionellen Varianten. Der intensive goldgelbe Farbton der heutigen Zuchtstämme, der sich bis in die äußersten Zonen der Brustflossen erstreckt, wird als modern angesehen.
Wichtigstes Kriterium neben Körperform und -größe ist der dreidimensional erscheinendeCharakter der Beschuppung. Sie sollten bei der Auswahl Ihres Ogon immer darauf achten, daß jede einzelne Schuppe ein vermeintlich tiefer liegendes Zentrum aufweist. Die Oberfläche des Schuppenkleids sieht dann wie die Struktur eines Golfballs aus. Der Größe und Form der Brustflossen sollten Sie ebenfalls Beachtung schenken. Große und runde Brustflossen sind bei dieser Zuchtform erwünscht.

Bei manchen Zuchtlinien bilden sich orange Pigmentflecken aus, die sehr unschön wirken und den Wert des Fisches herabsetzen. Leider tritt diese Fehlpigmentierung gerade bei dem sehr großwüchsigen Stamm des Züchters Isumia sehr häufig auf. Ab einer Größe von 45 cm ist das Risiko der nachträglichen Bildung solcher Pigmentflecken sehr gering und der Kauf eines solchen Ogon ist anzuraten, da hier die Chance besteh, einen wirklichen Koi-Riesen heranwachsen zu sehen.

Purachina Ogon

Der Purachina Ogon wird in Deutschland meist als Platinum bezeichnet. Es handelt sich bei dieser Variante um einen schneeweißen Koi, dessen gesamter Körper platinfarben unterlegt ist. Diese Variante wird meist nicht so groß wie der Yamabuki Ogon, ein Platinum ist mit 75 cm schon als sehr groß anzusehen. Beim Kauf ist auf die Beschuppung, den Körperbau und die Hautbeschaffenheit zu achten.

Hi Ogon

Einfarbig roter Koi mit metallischem Untergrund.

Orenji Ogon

Einfarbig orangener Koi mit metallischem Untergrund.

Kin Matsuba

Einfarbig goldgelber Koi mit Pinienzapfenmuster (schwarzes Zentrum in jeder Schuppe) auf metallischem Untergrund.

Gin Matsuba

Einfarbig platinfarbener Koi mit Pinienzapfenmuster.

Orenji Matsuba

Orangefarbener Koi mit Pinienzapfenmuster und Platinuntergrund.

Aka Matsuba

Roter Koi mit Pinienzapfenmuster und metallischem Untergrund.

Hikarimojo

Kujaku

Kujaku sind platinfarbene Koi mit weißer Körpergrundfarbe und aufliegender roter oder oranger Zeichnung. Tiere mit orangebraunem Muster entstammen traditionellen Blutlinien. Ihr Schuppenkleid besitzt ein Pinienzapfen-

Ein ganz weißer Platinum Ogon, wie das nebenstehende, etwa 58 cm große Tier aus der Zucht von Daiwa, ist ein sehr schöner Kontrastfisch zu anderen, bunten Varianten

Photo: F. Teigler / A.C.S.

muster (Matsuba). Die rotorange Zeichnung sollte wie beim Kohaku angeordnet sein, wobei die Brustflossen ein oranges Zentrum aufweisen können. Dies ist aber nicht zwingend notwendig. Beim Kauf sollte man auf eine klare Zeichnung achten. Oftmals weist der Kopf eine störende schwarzePigmentierung auf.
Unschöne schwarze Ränder sind häufig um die Augen und Nasenöffnungen zu beobachten. Besonderen Wert ist auf eine gut ausgeprägte schwarze Perlung der Schuppen zu legen.

Hariwake

Hariwake sind platinfarbene Koi mit weißer Körpergrundfarbe und gelber Zeichnung. Das Muster sollte eine Verteilung besitzen, die der eines Kohaku gleichkommt. Das Schuppenkleid muß klar zum Ausdruck kommen und in der Struktur an einen Golfball erinnern. Wie bei jeder beschuppten Variante gibt es auch die unbeschuppte Form, den Doitsu Hariwake.

Sakura Ogon

Sakura Ogon sind Hariwake mit orangeroter Zeichnung. Die unbeschuppte Variante nennt man Kikusui.

Kikusui

Kikusui besitzen ein kontrastreiches rotoranges Muster auf weißem Grund. Diese in interessanten Ornamenten über den Körper verlaufende Zeichnung ist wohl der Grund für seine Beliebtheit. Traditionelle Kikusui zeigen eine der Kohaku Zeichnung entsprechende Farbverteilung.

Yamatonishiki

Der Yamatonishiki ist ein Sanke mit platinfarbenem Untergrund. Seine unbeschuppte Variante besitzt keinen eigenen Namen. Spitzentiere sind sehr eindrucksvoll aber leider sehr selten. Das Schwarz und das Rot wird oftmals durch den metallicweißen Untergrund aufgehellt. Er ist nicht so kontrastreich wie der Sanke; die Farben sind durch den platinfarbenen Untergrund aufeinander abgestimmt und wirken dadurch sehr harmonisch.

Kikokuryu

Bei diesem Hikarimojo handelt es sich um eine besonders schöne Variante. Sie ist eine Weiterentwicklung der Ursprungsform Kumonryu, der unter Kawarimono zu finden ist. Zur Zucht dieser Variante kreuzte man einen Kikusui mit einem Kumonryu, um das Platin des Kikusui und die schwarze Färbung des Kumonryu zu vereinigen. Bei dieser Verpaarung entstanden auch die sogenannten Beni Kumonryu, die an-

Die Varianten

fangs als unerwünschte Nachkommen verworfen wurden, sich jedoch in Deutschland zunehmender Beliebtheit erfreuen. Der Beni Kumonryu vereint das Rot des Kikusui und die schwarze Zeichnung des Kumonryu.

Hikariutsurimono

Gin Showa

Die erste Bezeichnung Gin steht für den metallisch glänzenden, silberfarbenen Untergrund, während Showa die eigentliche Zeichnung beschreibt. Gin Showa sind das Ergebnis einer Kreuzung von Showa und Purachina Ogon. Bei der Auswahl guter Gin Showa ist nicht nur auf die Farbverteilung zu achten, sondern auch auf die Klarheit und gute Abgrenzung der Zeichnungselemente. Gute Gin Showa sind begehrt und schwer zu finden.

Kin Showa

Kin Showa sind das Ergebnis einer Verpaarung von Showa und Yamabuki Ogon. Sie besitzen keinen silberfarbenen Untergrund sondern einen goldfarbenen. Bei Kin Showa kommt das Metallicrot intensiver zur Geltung, Gin Showa besitzen nur ein Orangerot.

Kin Hi Utsuri

Als Kin Hi Utsuri bezeichnet man einen roten Utsuri mit platinfarbenem Untergrund. Sie sind das Ergebnis einer Kreuzung zwischen einem Ogon und einem Hi Utsuri.

Kin Ki Utsuri

Als Kin Ki Utsuri bezeichnet man einen gelben Utsuri mit platinfarbenem Untergrund. Sie entstammen einer Kreuzung zwischen einem Ogon und einem Ki Utsuri.

Gin Shiro Utsuri

Als Gin Shiro Utsuri bezeichnet man einen weißen Utsuri mit platinfarbenem Untergrund. Diese Fische sind das Produkt einer Zucht mit Shiro Utsuri und Ogon.

Ein prächtiger Gin Showa, der alles verkörpert, was die Faszination Koi ausmacht.

Photo: J. Dingeldein

Index

Das AQUALOG - System:
Informationen und Erklärung

ISBN: 3-931702-68-5

ISBN: 3-931702-48-0

ISBN: 3-931702-38-3

ISBN: 3-931702-33-2

ISBN: 3-931702-42-1

ISBN: 3-931702-52-9

ISBN: 3-931702-46-4

ISBN: 3-931702-50-2

In Vorbereitung:

Korallenfische des Süßwassers: Tanganjikaseecichliden
Die bunte Welt der Lebendgebärenden
Die schönsten Salmler „Kleine Arten"
Die schönsten Salmler „Große Arten"
Geliebte Monster: Bizarre Fische aus aller Welt
Kuriose Formen (… und doch sind es Fische)
Grusel oder Leidenschaft: Die schönstenVogelspinnen
Beliebte Aquarienfische I: Einsteigerfische
Beliebte Aquarienfische II: Fische für Fortgeschrittene
Beliebte Aquarienfische III: Anspruchsvolle Arten

Dekorative Aquarien :   Ein Malawibecken
Dekorative Aquarien :   Ein Tanganjikabecken
Dekorative Aquarien :   Ein Amazonasbecken
Dekorative Aquarien :   Ein Seewasserbecken
                        für Einsteiger
Dekorative Aquarien :   Ein Holländisches
                        Pflanzenbecken
Dekorative Aquarien :   Ein Westafrikabecken
Dekorative Aquarien :   Ein Südostasienbecken
Dekorative Aquarien :   Traumhafte Zwergbunt-
                        barsche aus Südamerika
Dekorative Aquarien :   Ein Paludarium

weitere Specials

Fordern Sie kostenlos ein Probeexemplar der AQUALOGnews und
unseren Verlagsprospekt an!

Aktuelle Informationen und Neu
-erscheinungen im Internet unter:

http://www.aqualog.de

oder direkt beim Verlag:

**Verlag A.C.S. GmbH
Liebigstr. 1
D-63110 Rodgau**

**Tel.: +49 (0) 06106 - 69 01 40
Fax: +49 (0) 06106 - 64 46 92
E-Mail: acs@aqualog.de**

Ursprung:

ersehen Sie ganz leicht an dem Buchstaben vor der
Code-Nummer

A =	Afrika	E =	Europa + Nordamerika
S =	Südamerika	X =	Asien + Australien

Alter:

die letzte Zahl der Code-Nummer steht immer für
das Alter des fotografierten Fisches:

1 =	klein	(Jugendfärbung)
2 =	mittelgroß	(Jungfisch / juvenil / Verkaufsgröße)
3 =	groß	(halbwüchsig / gute Verkaufsgröße)
4 =	XL	(ausgewachsen / adult)
5 =	XXL	(Zucht-Tier)
6 =	show	(Schau-Tier)

Herkunft:

W = Wildform
B = Nachzucht
Z = Zuchtform
X = Kreuzungs-Form

Größe:

..cm = ungefähre Größe, die dieser Fisch
ausgewachsen (adult) erreichen kann.

Geschlecht:

♂ männlich   ♀ weiblich   ♂♀   Paar

Temperatur:

◁ 18-22°C   (64 - 72°F)   (Zimmertemperatur)
▷ 22-25°C   (72 -77°F)   (tropische Fische)
◬ 24-29°C   (75 - 85°F)   (Diskus etc)
▽ 10-22°C   (50 - 72°F)   kalt (Nordamerika/Europa)

pH-Wert:

↕P pH 6,5 - 7,2 keine besonderen Ansprüche (neutral)
↓P pH 5,8 - 6,5 liebt weiches u. leicht saures Wasser
↑P pH 7,5 - 8,5 liebt hartes u. alkalisches Wasser

Beleuchtung:

○ hell, viel Licht / Sonne
◐ nicht zu hell
◑ fast dunkel

Futter:

☺ Allesfresser, Trockenfutter, keine besonderen Ansprüche
☺ Lebendfutter, Gefrierfutter
☹ Fischräuber, Futterfische füttern
☻ Pflanzenfresser, Pflanzenkost zufüttern

Schwimmverhalten:

⊞ keine besonderen Eigenschaften
⬆ im oberen Bereich / Oberflächenfisch
⬇ im unteren Bereich / Bodenfisch

Aquarium-Einrichtung:

▱ nur Bodengrund und Steine etc.
▱ Steine / Wurzeln / Höhlen
▱ Pflanzen-Aquarium mit Dekoration

Verhalten/Vermehrung:

♥ Paarweise oder im Trio halten
≋ Schwarmfisch, nicht unter 10 Exemplaren halten
⇀ Eierleger
⇀ Lebendgebärer
⇀ Maulbrüter
⊡ Höhlenbrüter
✿ Schaumnestbauer
◇ Algenvertilger / Scheibenputzer (Wurzeln+Spinat)
◇ leichte Pflege (für entsprechende Gesellschaftsbecken)
⚠ schwierig zu halten, vorher Fachliteratur beachten
🛑 Vorsicht, extrem schwierig, nur für erfahrene Spezialisten
θ die Eier benötigen eine spezielle Behandlung
§ geschützte Art, (WA), "CITES" Sondergenehmigung nötig

Mindestgröße des Aquariums		Inhalt:
ssl	sehr klein	20 - 40 cm	5 - 20 l
s	klein	40 - 80 cm	40 - 80 l
m	mittel	60 - 100 cm	80 - 200 l
L	groß	100 - 200 cm	200 - 400 l
XL	sehr groß / XL	200 - 400 cm	400 - 3000 l
XXL	extrem groß / XXL	über 400 cm	über 3000 l
			(Schauaquarien)

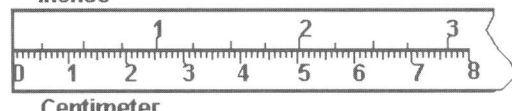

Inches
Centimeter

Erklärungen der Abkürzungen in den wissenschaftlichen Namen

Beispiel: **Belontia signata jonklaasi** Benl & Terofal, 1975
Gattung   Art   Unterart   Erstbeschreiber, Jahr der Veröffentlichung

sp.: **die Art ist bislang nicht bestimmt**

sp. aff.: **ähnliche Art**
Es handelt sich um eine bislang unbestimmte Art,
die einer bekannten Art jedoch sehr ähnelt

cf.: **höchstwahrscheinlich diese Art**
Erklärung: Die vorliegenden Exemplare weichen in gewissen
Details von der Originalbeschreibung ab, jedoch nicht so gra-
vierend, daß es sich dabei mit einiger Wahrscheinlichkeit um
eine andere Art handelt

Hybride : **Mischling zwischen zwei Arten**

ssp.: **Unterart**
Einige Arten haben ein sehr großes Verbreitungsgebiet; in
nerhalb dieses Gebietes gibt es Populationen, die sich
äußerlich zwar deutlich von anderen Populationen unterscheiden, genetisch jedoch zur gleichen Art gehören.
Solchen Populationen erhalten als geografische Unterart
einen dritten wissenschaftlichen Namen. Ist die Unterart bislang unbestimmt, so steht hier nur ssp..

var. : **Variante**
Individuelle Abweichungen in der Farbe, die nicht geogra-
fisch fixiert werden können, werden als Varianten bezeichnet.
Sie erhalten keine eigene wissenschaftliche Bezeichnung.

Intergrade: **gemischte Population zwischen
zwei Unterarten**

A

B

C

1

X43245-6 *Cyprinus carpio* Linné, 1758
Kindai Showa
Japan, B, Z,   Züchter/Breeder: Daiwa, 73cm
Teichfisch/Pondfish, pH 6,8-8,
♀ ○ ☺ ⊞
Besitzer: H.Bachmann/R.M.K. Photo:Teigler/A.C.S.

X43125-6 *Cyprinus carpio* Linné, 1758
Sanke
Japan, B, Z,   Züchter/Breeder: Sakai, 75cm
Teichfisch/Pondfish, pH 6,8-8,
♀ ○ ☺ ⊞
Besitzer: H.Bachmann/R.M.K. Photo:Teigler/ACS

X42825-6 *Cyprinus carpio* Linné, 17
Kohaku
Japan, B, Z,   Züchter/Breeder: D
Teichfisch/Pondfish, pH 6,8-8,
♀ ○ ☺ ⊞
Besitzer: R. Beckers;   Photo: Teigler/

2

X43250-6 *Cyprinus carpio* Linné, 1758
Kindai Showa
Japan, B, Z,   Züchter/Breeder: Daiwa, 56cm
Teichfisch/Pondfish, pH 6,8-8,
♂ ○ ☺ ⊞
Besitzer: Robert Beckers;   Photo: Teigler/A.C.S.

X43115-6 *Cyprinus carpio* Linné, 1758
Sanke
Japan, B, Z,   Züchter/Breeder: Daiwa, 62cm
Teichfisch/Pondfish, pH 6,8-8,
♀ ○ ☺ ⊞
Besitzer: H.Bachmann/R.M.K. Photo: Teigler/A.C.S.

X42815-6 *Cyprinus carpio* Linné, 1758
Kohaku
Japan, B, Z,   Züchter/Breeder: D
Teichfisch/Pondfish, pH 6,8-8,
♀ ○ ☺ ⊞
Besitzer: M.Wittenb

3

X43265-4 *Cyprinus carpio* Linné, 1758
Showa
Japan, B, Z,   Züchter/Breeder: Daiwa, 42cm
Teichfisch/Pondfish, pH 6,8-8,
♀ ○ ☺ ⊞

Besitzer: H.Bachmann/R.M.K. Photo: Teigler/A.C.S.

X43128-4 *Cyprinus carpio* Linné, 1758
Sanke (Maruten Sanshoku)
Japan, B, Z,   Züchter/Breeder: Jinbei, 45cm
Teichfisch/Pondfish, pH 6,8-8,
♀ ○ ☺ ⊞

Besitzer: H.Bachmann/R.M.K. Photo: Teigler/A.C.S.

X42835-4 *Cyprinus carpio* Linné, 17
Kohaku
Japan, B, Z,   Züchter/Breeder: D
Teichfisch/Pondfish, pH 6,8-8,
♂ ○ ☺ ⊞

Besitzer: H.Bachmann/R.M.K. Photo: Teigler

4

X43270-5 *Cyprinus carpio* Linné, 1758
Showa
Japan, B, Z,   Züchter/Breeder: Daiwa, 53cm
Teichfisch/Pondfish, pH 6,8-8,
♀ ○ ☺ ⊞

Besitzer: H.Bachmann/R.M.K. Photo: Teigler/A.C.S.

X43120-6 *Cyprinus carpio* Linné, 1758
Sanke
Japan, B, Z,   Züchter/Breeder: Sakai, 61cm
Teichfisch/Pondfish, pH 6,8-8,
♂ ○ ☺ ⊞

Besitzer: H.Bachmann/R.M.K. Photo: Teigler/A.C.S.

X42805 *Cyprinus carpio* Linné,
Doitsu Kohaku
Japan, B, Z,   Züchter/Bre
Teichfisch/Pondfish, pH 6,8-8,
♀ ○ ☺ ⊞

Besitzer: H.Bachmann/R.M.K. Photo: Teig

X42525-5 *Cyprinus carpio* LINNÉ, 1758
Budo Goromo
38cm Japan, B, Z, Züchter/Breeder: Daiwa, 52cm
Teichfisch/Pondfish, pH 6,8-8,
♀ ○ ☺ ⊞
Besitzer: H.Bachmann/R.M.K. Photo: Teigler/A.C.S.

X43288-5 *Cyprinus carpio* LINNÉ, 1758
Tancho Showa
Japan, B, Z, Züchter/Breeder: Isa, 50cm
Teichfisch/Pondfish, pH 6,8-8,
♂ ○ ☺ ⊞
Besitzer: Robert Beckers; Photo: Teigler/A.C.S.

X43155-6 *Cyprinus carpio* LINNÉ, 1758
Shiro Utsuri
Japan, B, Z, Züchter/Breeder: Tamaka, 65cm
Teichfisch/Pondfish, pH 6,8-8,
♀ ○ ☺ ⊞
Besitzer: Robert Beckers; Photo: Teigler/A.C.S.

X42530-5 *Cyprinus carpio* LINNÉ, 1758
Budo Goroma
55cm Japan, B, Z, Züchter/Breeder: Daiwa, 55cm
Teichfisch/Pondfish, pH 6,8-8,
♀ ○ ☺ ⊞
Besitzer: D. Ottlik; Photo: Teigler/A.C.S.

X42705-2 *Cyprinus carpio* LINNÉ, 1758
Ginrin Goshiki
Japan, B, Z, Züchter/Breeder: Isa, 23cm
Teichfisch/Pondfish, pH 6,8-8, Jungf./Juvenil
○ ☺ ⊞
Besitzer: Robert Beckers; Photo: Teigler/A.C.S.

X42785-5 *Cyprinus carpio* LINNÉ, 1758
Kin Ki Utsuri
Japan, B, Z, Züchter/Breeder: Isa, 55cm
Teichfisch/Pondfish, pH 6,8-8,
♂ ○ ☺ ⊞
Besitzer: Robert Beckers; Photo: Teigler/A.C.S.

X42755-5 *Cyprinus carpio* LINNÉ, 1758
Goshiki
Japan, B, Z,   Züchter/Breeder: Miaku, 48cm
Teichfisch/Pondfish, pH 6,8-8,
♀ ○ ☺ ⊞
Besitzer: Robert Beckers;   Photo: Teigler/A.C.S.

X42760-4 *Cyprinus carpio* LINNÉ, 1758
Goshiki Kujaku   (Kreuzung/cross breed)
Japan, B, Z,   Züchter/Breeder: Tanaka, 38cm
Teichfisch/Pondfish, pH 6,8-8,
♂ ○ ☺ ⊞
Besitzer: P. Polster   Photo: Teigler/A.C.S.

X43210-6 *Cyprinus carpio* LINNÉ, 1758
Gin Showa
Japan, B, Z,   Züchter/Breeder: Takeda, 62cm
Teichfisch/Pondfish, pH 6,8-8,
♂ ○ ☺ ⊞
Besitzer: H.Bachmann/R.M.K. Photo: Teigler/A.C.S.

X42905-4 *Cyprinus carpio* LINNÉ, 1758
Kumonryu
Japan, B, Z,   Züchter/Breeder: Tondi, 40cm
Teichfisch/Pondfish, pH 6,8-8,
♀ ○ ☺ ⊞
Besitzer: H.Bachmann/R.M.K. Photo: Teigler/A.C.S.

X42778-4 *Cyprinus carpio* LINNÉ, 1758
Kujaku
Japan, B, Z,   Züchter/Breeder: Tondi, 38cm
Teichfisch/Pondfish, pH 6,8-8,
♀ ○ ☺ ⊞
Besitzer: D. Ottlik;   Photo: Teigler/A.C.S.

X42765-5 *Cyprinus carpio* LINNÉ, 1758
Kujaku
Japan, B, Z,   Züchter/Breeder: Daiwa, 48cm
Teichfisch/Pondfish, pH 6,8-8,
♀ ○ ☺ ⊞
Besitzer: H.Bachmann/R.M.K. Photo: Teigler/A.C.S.

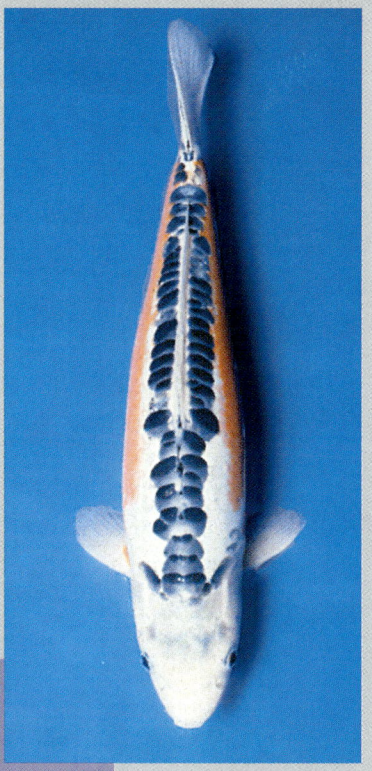

X43205-6   *Cyprinus carpio* Linné, 1758
Boke Showa
Japan, B, Z,   Züchter/Breeder: Daiwa, 56cm
Teichfisch/Pondfish, pH 6,8-8,
♂ ○ ☺ ⊞
Besitzer: H.Bachmann/R.M.K. Photo: Teigler/A.C.S.

X43285-4   *Cyprinus carpio* Linné, 1758
Shusui
Japan, B, Z,   Züchter/Breeder: Daiwa, 45cm
Teichfisch/Pondfish, pH 6,8-8,
♀ ○ ☺ ⊞
Besitzer: Robert Beckers;   Photo: Teigler/A.C.S.

X43105-4   *Cyprinus carpio* Linné, 1758
Doitsu Sanke
Japan, B, 7,   Züchter/Breeder: Dainichi, 40cm
Teichfisch/Pondfish, pH 6,8-8,
♂ ○ ☺ ⊞
Besitzer: H.Bachmann/R.M.K. Photo: Teigler/A.C.S.

X43130-4   *Cyprinus carpio* Linné, 1758
Sanke
Japan, B, Z,   Züchter/Breeder: Dainichi, 42cm
Teichfisch/Pondfish, pH 6,8-8,
○ ☺ ⊞
Besitzer: D. Ottlik;   Photo: Teigler/A.C.S.

X43005-4   *Cyprinus carpio* Linné, 1758
Rudo Boromo
Japan, B, Z,   Züchter/Breeder: Daiwa, 43cm
Teichfisch/Pondfish, pH 6,8-8,
♂ ○ ☺ ⊞
Besitzer: Robert Beckers;   Photo: Teigler/A.C.S.

X43275-6   *Cyprinus carpio* Linné, 1758
Showa
Japan, B, Z,   Züchter/Breeder: Toraso, 62cm
Teichfisch/Pondfish, pH 6,8-8,
♀ ○ ☺ ⊞
Besitzer: Robert Beckers;   Photo: Teigler/A.C.S.

Fax: +49 (0)6105 - 64 46 92   © Verlag A.C.S. GmbH   Rothwiesenring 5   64546 Mörfelden-Walldorf

D

X42515-6 *Cyprinus carpio* LINNÉ, 1758
Ai Goromo
Japan, B, Z,   Züchter/Breeder: Daiwa, 72cm
Teichfisch/Pondfish, pH 6,8-8,
♀ ○ ☺ ⊞

Besitzer: H.Bachmann/R.M.K. Photo: Teigler/A.C.S.

E

X42820-5 *Cyprinus carpio* LINNÉ, 1758
Tancho Kohaku
Japan, B, Z,   Züchter/Breeder: Isa, 50cm
Teichfisch/Pondfish, pH 6,8-8,
♂ ○ ☺ ⊞

Besitzer: Robert Beckers;   Photo: Teigler/A.C.S.

F

X42775-6 *Cyprinus carpio* LINNÉ, 1758
Ki Utsuri
Japan, B, Z,   Züchter/Breeder: Isa, 68cm
Teichfisch/Pondfish, pH 6,8-8,
♀ ○ ☺ ⊞

Besitzer: H.Bachmann/R.M.K. Photo: Teigler/A.C.S.

68cm

X42527-5 *Cyprinus carpio* LINNÉ, 1758
Budo Goromo
Japan, B, Z,   Züchter/Breeder: Daiwa, 52cm
Teichfisch/Pondfish, pH 6,8-8,
♀ ○ ☺ ⊞

Besitzer: Robert

56cm

X43165-3 *Cyprinus carpio* LINNÉ, 1758
Tancho Sanke
Japan, B, Z,   Züchter/Breeder: Hiroi, 35cm
Teichfisch/Pondfish, pH 6,8-8,
♂ ○ ☺ ⊞

Besitzer:

X42655-6 *Cyprinus carpio* LINNÉ, 1758
Gin Shiro Utsuri
Japan, B, Z,   Züchter/Breeder: Isa, 68cm
Teichfisch/Pondfish, pH 6,8-8,
♀ ○ ☺ ⊞

Besitzer:

G

X43230-6   *Cyprinus carpio* LINNÉ, 1758
Kage Showa
Japan, B, Z,   Züchter/Breeder: Toraso, 63cm
Teichfisch/Pondfish, pH 6,8-8,
♂ ○ ☺ ⊞

Besitzer: H.Bachmann/R.M.K. Photo: Teigler/A.C.S.

H

X42770-6   *Cyprinus carpio* LINNÉ, 1758
Kujaku
Japan, B, Z,   Züchter/Breeder: Ikeda, 65cm
Teichfisch/Pondfish, pH 6,8-8,
♀ ○ ☺ ⊞

Besitzer: H.Bachmann/R.M.K. Photo: Teigler/A.C.S.

I

X42965-6   *Cyprinus carpio* LINNÉ, 1758
Yamabuki Ogon
Japan, B, Z,   Züchter/Breeder: Isumia, 60cm
Teichfisch/Pondfish, pH 6,8-8,
♀ ○ ☺ ⊞

Besitzer: Robert Beckers;   Photo: Teigler/A.C.S.

X43233-6   *Cyprinus carpio* LINNÉ, 1758
Kage Showa
Japan, B, Z,   Züchter/Breeder: Daiwa, 57cm
Teichfisch/Pondfish, pH 6,8-8,
♀ ○ ☺ ⊞

Besitzer: H.Bachmann/R.M.K. Photo: Teigler/A.C.S.

X42758-3   *Cyprinus carpio* LINNÉ, 1758
Goshiki Kujaku   (Kreuzung/cross breed)
Japan, B, Z,   Züchter/Breeder: Tanaka, 34cm
Teichfisch/Pondfish, pH 6,8-8,
♀ ○ ☺ ⊞

Besitzer: H.Bachmann/R.M.K. Photo: Teigler/A.C.S.

X42915-4   *Cyprinus carpio* LINNÉ, 1758
Kikokuryu
Japan, B, Z,   Züchter/Breeder: Shimiteu, 42cm
Teichfisch/Pondfish, pH 6,8-8,
♀ ○ ☺ ⊞

Besitzer: Robert Beckers;   Photo: Teigler/A.C.S.

J

X42505-5   *Cyprinus carpio* LINNÉ, 1758
i Goromo
apan, B, Z,   Züchter/Breeder: Daiwa, 55cm
eichfisch/Pondfish, pH 6,8-8,

♂ ○ ☺ ⊞

Besitzer: H.Bachmann/R.M.K. Photo: Teigler/A.C.S.

K

X42715-4   *Cyprinus carpio* LINNÉ, 1758
Ginrin Matsukawabake
Japan, B, Z,   Züchter/Breeder: Isa, 45cm
Teichfisch/Pondfish, pH 6,8-8,

♀ ○ ☺ ⊞

Besitzer: Robert Beckers;   Photo: Teigler/A.C.S.

L

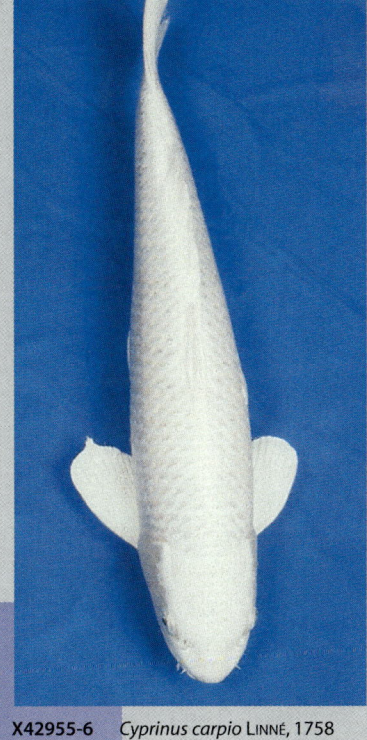

X42955-6   *Cyprinus carpio* LINNÉ, 1758
Platinum Ogon
Japan, B, Z,   Züchter/Breeder: Daiwa, 58cm
Teichfisch/Pondfish, pH 6,8-8,

♂ ○ ☺ ⊞

Besitzer: H.Bachmann/R.M.K. Photo: Teigler/A.C.S.

X43225-4   *Cyprinus carpio* LINNÉ, 1758
Goromo Showa
Japan, B, Z,   Züchter/Breeder: Danichi, 40cm
Teichfisch/Pondfish, pH 6,8-8,

♀ ○ ☺ ⊞

Besitzer: H.Bachmann/R.M.K. Photo: Teigler/A.C.S.

X42405-6   *Cyprinus carpio*
Asagi (Hi Asagi) Hi-Rot
Japan, B, Z,   Züchter/Breeder: Hoshino, 65cm
Teichfisch/Pondfish, pH 6,8-8,

♀ ○ ☺ ⊞

Besitzer: Robert Beckers;   Photo: Teigler/A.C.S.

X42605-4   *Cyprinus carpio* LINNÉ, 1758
Chagoi
Japan, B, Z,   Züchter/Breeder: Ikeda, 40cm
Teichfisch/Pondfish, pH 6,8-8,

♀ ○ ☺ ⊞

Besitzer: Robert Beckers;   Photo: Teigler/A.C.S.